九峯沟的故事

——第一任局长亲述

邓 一 著／中国林业出版社

责任编辑 李 宙 卢 灵 装帧设计 曹 来

图书在版编目（CIP）数据 九寨沟的故事 / 邓一著. —— 北京：中国林业出版社，2014.7

ISBN 978-7-5038-7575-5 Ⅰ. ①九… Ⅱ. ①邓… Ⅲ. ①九寨沟－概况 Ⅳ. ①K928.3 中国版本图书馆CIP数据核字（2014）第147893号

出 版 中国林业出版社（100009 北京西城区德内大街刘海胡同7号） 网 址 WWW.cfph.com.cn E—mail cfph@public.bta.net.cn

电 话 (010) 83224477 发 行 新华书店 印 刷 北京卡乐富印刷有限公司 版 次 2014年7月第1版 印 次 2014年7月第1次

开 本 1/16 印 张 15 字 数 180千字 定 价 49.80元

那一段如歌的岁月

——《永远的九寨沟》代序

一

生命似水，岁月如歌。

正是九寨沟绿肥红瘦的暮春时节，邓一老先生来函，邀我为其即将付梓的书籍《永远的九寨沟》作序。

其实，早在去年秋天，邓一老先生就寄来了书稿的清样。卒读之后，感动与敬重之情油然而生，至今挥之不去。

《永远的九寨沟》这本书所记录和反映的，是作者作为九寨沟管理机构的第一任领导，在九寨沟开发初期的创业与探索，以及这种创业与探索演绎出的艰难而光荣的历史。他和九寨沟的拓荒者们一道，在这片神奇美丽的天地间，奔走于风雨春秋，前行于艰难时月，迎朝阳，披晚霞，任奋斗的激情奔放涌流，让美好的憧憬慷慨激昂；他们以山谷为琴，把瀑流作弦，弹奏出了九寨沟保护与发展这部宏大交响乐的序曲，为我们留下了奋斗的记忆、前行的跫音和发展的启示。在九寨沟的保护与开发史上，必将永远镌刻着这样一个名字——邓一。

伴随着三十年的改革开放和伟大变革，九寨沟从名不见经传的荒野山沟，到享誉世界的旅游胜地，先后获得"世界自然遗产"、"世界生物圈保护区"和"绿色环球21"三项国际桂冠，相继被评为"中国旅游胜地四十佳"、国家"AAAAA级景区"、"全国文明风景旅游区"……三十年的艰难、壮阔与辉煌，浓缩了许多别的风景区上百年才能走完的发展历程，取得了举世瞩目的发展成就。回望来路，物是人非，荣光犹存——前赴后继的九寨人秉承"保护为发展，发展促保护"的理念，经过一以贯之的不懈努力，探索并形成了享誉四方的"保护型发展"模式，开创并铸造了一流的旅游黄金品牌。

如歌的岁月倏然而逝，曾经与之一道走过那段峥嵘历程的人们早已是鬓生花发、天各一方。纵然此去经年，那山、那水、那树、那花，却依然记忆犹新，亲切感人……

二

莫道桑榆晚，微霞尚满天。邓一老先生在退休闲隙间整理出的这部书稿，真切记录了那个光荣的时代；这不仅是他对个人履历中那段峥嵘岁月的深情回望，也是九寨沟波澜壮阔的发展史中一个重要片段的灿然折射。

作为见证人，他怀着切肤之痛，叙述了上世纪六七十年代，九寨沟在林场斧钺下满目疮痍的悲怆；作为亲历者，他怀着欣悦之情，记录了九寨沟走出厄运、着力保护的艰难历程；作为管理者，他以客观的态度，讲述了八十年代九寨沟开发伊始，那些真诚感人、堪入史册的动人故事；作为参与者，他以生动的文笔，描绘了景点勘查和游客接待中鲜为人知的逸闻趣事；作为文化人，他以极个性的审美视角和赏景体验，介绍了"童话世界"九寨沟的奇异景色，以及藏族人家那些原生态的风俗民情，为人们呈现出九寨沟独特的神奇与魅力。

有幸作为邓一老先生的后任在九寨沟工作，我更愿意相信，这部书稿就是他敞开心扉的窗口，它在向我们这些后继者展现他们那一代人的理想与激情、磨难与奋斗，甚至艰辛中的快乐、成功时的落寞。他重提"陈年旧事"，为的是抚摸历史的碎片，鉴戒当下；为的是怀想过去的人事，勉励来者；为的是感应独特的胜景，助益游客。他忠实地记录了那一段充满了激情与理想、伴随着艰难与快乐的如歌岁月，娓娓道来，如数家珍。无论是"我在九寨沟"的工作与感受，还是"我眼中的九寨沟"那些如诗如画的山光水色，字里行间无不浸透了作者的真情实感和生命写意。面对九寨沟的迅猛发展和瞩目成就，他发自内心地"向九寨沟的工作者致敬"，并给予真切的劝勉与诚挚的祝福。正如他所言："如果九寨沟取得的辉煌成就是一座丰碑，我就是它基座里的一块碎石；如果九寨沟的事业如九寨沟澎湃的激流，我就是其中一朵曾经映射阳光的浪花"。其言其行，满溢着真纯深厚、无法割舍的九寨情魂。

三

《永远的九寨沟》不是鸿篇巨制，亦非时尚读本，而是开发和保护九寨沟的第一代拓荒者，浓缩了创业艰难与奋斗乐趣的屐痕再现；是上个世纪七八十年代的创业者，洒满了理想与赤诚的心路写真；也是一个为之付出了心血与汗水、甚至全部情魂的老工作者，对九寨沟所怀有的深厚感情的自然流露。

"苍龙日暮还行雨，老树春深更著花"。邓一老先生秉心为烛，用笔点燃了自己绚烂的暮年，也渲染了许多人蕴藉在心底的九寨情缘。正因为像邓一先生一样，一代代九寨沟人艰苦奋斗、辛勤工作，为九寨沟的保护与发展慷慨付出了美好的青春和毕生的才智，甚至离职退休、远隔千里依然衷情不改，对这片他们曾经用心血和汗水浇灌的热土，一如既往地给予关心、关切与关注，"童话世界"九寨沟才能在日新月异的今天，依然向世界呈现出她秀冠天下的绝美境界，演绎出天人合一、与时俱进的旷世风华。

当前，安全、友好、高质、特色构成了九寨沟旅游目的地的品牌形象，形成了在旅游市场上的最终吸引力和核心竞争力，成就了九寨沟在国内外的良好声誉。我们承认，九寨沟是我们的职业骄傲，是四川的旅游龙头，是中国的风光名片，是全人类共同的自然遗产，是浩渺的宇宙在这颗蓝色星球上创造的美丽奇迹。我们相信，作为镶嵌在世界屋脊东南缘的一颗风光宝石，一方印证人与自然血脉关系的心灵故土，一个人们心仪神往的精神家园，伴随着改革开放的时代旋律走过了30年光辉历程，而今正站在新的历史起点上的九寨沟，必将在岁月的轮回中魅力犹存，必将伴随着人类的进步与发展永秀长青！

是为序。

章小平

2009 年 5 月 26 日于九寨沟

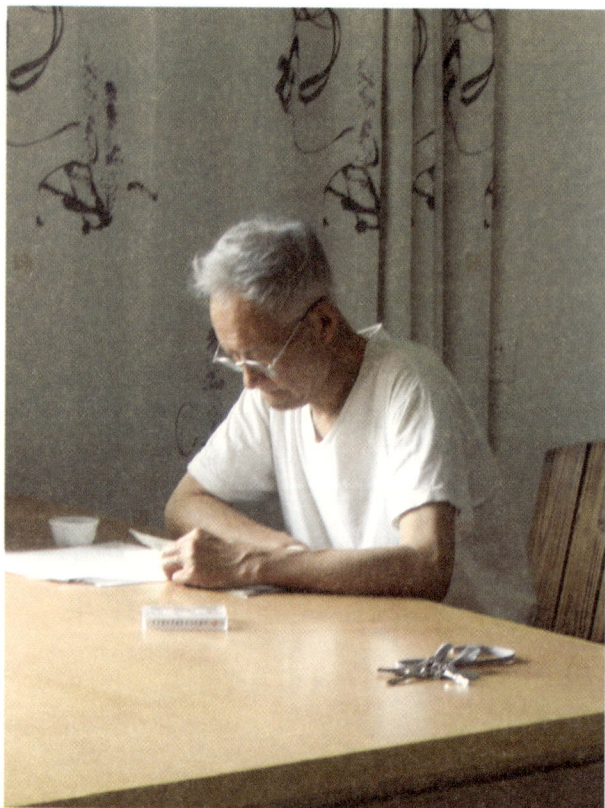

作者在重庆南泉家中书房。

目　录

下篇：**我眼中的九寨沟**

上篇：我与九寨沟

左起：苏友生、阎秀成、陈先桓、邓一、王尤洲、张玉峰

自 1986 年初冬从九寨沟回故乡已经整整 18 年了，我还是不能适应重庆冬日的阴霾。窗外一排参天的香樟被河风吹得飒飒作响，书房里溢满了淡淡的清香。我把目光从花溪的翠竹绿水间收回，搓了搓冻僵的手，在台灯下继续整理 20 年前的杂记。

咚咚咚，邻居敲门进来，递给我一个硕大精致的信封，是九寨沟管理局特邀『第一任局长』参加建局 20 周年庆典的请柬，还附有管理局驻蓉办事处主任左光远热情洋溢的短函。一时间，九寨沟的山山水水、同事们的音容笑貌、开创时的辛酸苦辣，一齐浮现眼前，化成无数生动的画面和无尽的思绪……

一 进九寨沟

第一次到九寨沟，还是近半个世纪前的事了。

那时的九寨沟还不被世人所知，它只是四川省松潘县南坪区隆康公社的一部分。

南坪处于川、甘两省交界处，面积达五千多平方公里。山高谷深，藏、羌、回、汉几族杂居，是一块"三分像川，七分像甘"的"飞地"。横亘在松潘、南坪之间的弓杠岭，其南为岷江正源，以东是嘉陵江上游白水河的源头之一。两条大江各奔千里，又于我的故乡重庆相聚。南坪的建置沿革可追溯到公元前16世纪的商代，距今已有3500多年的历史，自商至秦属氐羌地。从汉代武帝元鼎六年（前111年）到宋元的1400余年间，多次变换隶属关系。雍正七年（1729年）筑城于古扶州城南的南坪坝（即今县城所在地），始称南坪，距松潘360里，为松潘县厅南坪营。就因为南坪地广路遥，重山阻隔，松潘县可谓鞭长莫及，难以管理，1953年南坪单独建县；到1959年松－南公路建成后，两县合并，南坪复归松潘，成为松潘县中心区（1963年复置南坪县，1998年更名为九寨沟县——这是后来的事了）。

从近半个世纪前开始，我就与九寨沟结下了不解之缘。此照片摄于1978年九寨沟达尔措栈桥。

九寨沟古称羊峒，沟口离南坪城关九十里，是白水河上游一条极其僻静的山沟，只有两座陡峭山崖之间的一条小路可以进入，简直就是与世隔绝的世外桃源。九寨沟处于四川盆地向青藏高原过渡的边缘地带，整个山沟七百平方公里，总共居住着不到六百个藏民，因有盘信寨、尖盘寨、彭布寨、则查洼寨、黑角寨、盘亚寨、扎如寨、荷叶寨、树正寨这九个藏族村寨而得名。

当时已是大跃进后期，外地轰轰烈烈的"改良土壤"运动已经大抵结束，即使延至1958年才最后完成"民主改革"（土改）的阿坝藏族自治州的农区，也已经全部"跃"入了人民公社，实现了生活集体化、组织军事化、行动战斗化。"人民公社的心脏"公共食堂早已无法供应社员哪怕是最低的需求，饥饿引起的水肿和死亡随处蔓延。大队的收支账目和食堂的财务管理更是混乱不堪。临到年终决算，辛劳一年的社员不仅分不到钱粮，大部分人还成了需要给公社交粮交款的

"倒找户"。社员的不满和对财务的疑惑越来越强烈，县委决定对各社队实行财务大检查。

我就是这样，在 1959 年被松潘县政府派往南坪隆康公社九寨沟参加财务大检查的。我 1954 年底毕业于重庆市高级农校园艺科后，被分配在松潘县政府建设科农技站工作，对周围区、乡的情况比较了解。但来到隆康公社，进入九寨沟所见到的，却完全出乎我的意料。

这时荷叶大队的"人造平原"工程接近尾期，已经从工地撤出了全部人员。金秋时节，人们正兴高采烈地收苞谷、挖洋芋，劳动场面井然有序，全不像外地那样一窝蜂地"大呼隆"；更令我惊异的是，公共食堂供应的三餐，居然能勉

在这期间，我第一次看到了九寨沟神奇的蓝天、白云、青山、红叶和数不清的海子、瀑布。

下篇：我眼中的九寨沟

强让人吃饱。我不由想起那首上古歌谣："日出而作，日入而息，凿井而饮，耕田而食，帝力于我何有哉。"

白天随社员下地干活。已经收获完毕的地里正在秋耕，那耕地的方式让我大为惊讶：一根长长的枷担，两端分别捆绑在两头硕壮牦牛的犄角上，中间挂着木犁，当地人把它叫做"二牛抬杠"。牛角使不上劲，拉犁十分吃力。我不明白他们为什么不学外地，把木犁直接架在牦牛脖子上呢。夜里和会计在队部清账。这队部原来也是藏民的住房，木柱土墙，楼下是牛圈，二楼的经堂改作了会议室，耳房是账房兼会计的住处，三楼被称做草楼，堆放禾秸，只不过不像一般人家用作没出嫁闺女的闺房。虽然常常是彻夜工作，但火塘烧得暖暖的，硕大的铁三脚上，搽得锃亮的铜壶飘散出沁人心脾的奶茶香气。夜深了，会计还会拿出一小碗燕麦糌粑作为犒赏。对于经受过长期饥饿煎熬的我来说，这简直就是神仙般的日子。虽则与干部、社员语言交流有些困难，但他们纯朴诚实，账务的疑点很容易查清，清账工作进行得十分顺利。

也就是在这期间，我第一次看到这里神奇的蓝天、白云、青山、红叶和数不清的海子、瀑布。虽然我的审美意识已被不间断的政治运动磨灭得差不多了，又长年奔波于清溪绿树间，山水美景并不少见，但九寨沟的风景仍使我眼为之亮、心为之动。我赶快警告自己：快快打住，不要让资产阶级的闲情逸趣又来腐蚀灵魂。

清账工作一周后很快就完成了，我怅怅地结束了第一次九寨之行，而这里纯朴的人情和美好的风景已深深地留在了我的记忆中。在以后漫长的岁月里，我虽不敢向同事、朋友谈起在九寨沟美妙的感受，但这里确已成了我梦萦魂牵的圣地。

二进九寨沟

　　南坪恢复县的建制后，我从南坪中心区委办公室回到南坪县农技站干我的老本行，长年在乡村工作。南坪偏远闭塞，"文化大革命"比外地滞后差不多半年。当时我在双河乡的一个生产队里"蹲点"，做调查研究和技术指导，直到1967年元月才奉命回机关参加运动。

　　那天下午刚进县城，老远就看见丁字街口人头攒动。挤进去一看，只见当中跪了一圈头戴高帽、胸挂木牌的"走资派"和"反革命"分子，而这些人大多是我多年来熟悉的领导和同事，其中还有当年一起出生入死参加平息康巴叛乱的战友。我刚要去找批斗会的主持人说明"误会"，就被一位好友硬拉了出来，拽回家去，还一再嘱咐我千万别多说话，我实在是百思不得其解。我长期随县委负责人下乡巡查和蹲点，与"走资派"的接触自然较多，这段时间经造反派战士以批斗、殴打等多种方式"帮助"、"启发"，乃至多次抄家，仍没能供出那怕稍有分量的揭发材料，所以在1968年春，被定为"黑县委伸向农牧局的黑手"，大约相当于准反革命吧，被罚到"红色造反司令部"打杂。好不容易熬到秋天，一批"走资派"

被赶到农村和干校，我也深为出路发愁。恰在这时，县里筹建农机厂，需要一批劳力。我挖空心思，找到一位在农机厂当革命委员会（简称革委会）副主任的重庆老乡帮忙，总算"混"进厂去，当了一名锻工。虽然每天至少要抡八小时的大锤，要被炼铁炉烤得汗湿衣裤，但心里却暗自庆幸。来厂的人多是各单位的灰色人物，我混迹其中，只是一名逢斗必陪的次要专政对象，心境已大为宽松，生活也较稳定，何况十天半月还可回家一次，日子已经好过多了。不能抬头做人，正好埋头干活。较我稍晚来厂的几位在农村"锻炼"过的大中专毕业生处境也跟我差不多，于是我们就一起钻研技术，常常在夜深人静时潜入车间，偷偷装拆机械，争论问题，通宵达旦，最后成了忘年交。车钳刨焊、识图制图、机电修理，都是我那时学会的。不过两三年，已俨然是"老师傅"了。

省属南坪林业局是负责采伐全县国有森林的省属县级企业，"文革"前不久在九寨沟建立了两个伐木场，名为124林场、126林场。九寨沟内以冷杉和云杉为主的原始森林，材质特

这是九寨沟最负盛名的神池五花海，因周边森林被伐，水源枯竭，纯净无垢的池底成了乱石滩，四周是半朽的巨大原木和死树残枝。这幅珍贵的历史照片资料，是田树昌和作者1978年初冬所拍。

现已成为旅游集市的树正寨的原貌。田树昌和作者摄于1978年。

别优异,活立木蓄积量达 500 多万立方米,实在堪称绿色金库。林场的一千多伐木工人,"文革"前奉命抢着巨斧,已经将低海拔沟谷的树木大量砍伐,而"文革"以来,因"文攻武卫"搞得沸反盈天,生产已陷于停顿,只有南坪县里组织来的几百农民没日没夜地在赶修林区公路。

1972 年的国庆节特别冷清,伐木场放假,只有修筑公路的农民仍在赶工。恰在这时,筑路指挥部的柴油发电机坏了,不但影响施工,而且国庆期间夜里没有照明,也会造成很坏的"政治影响"。为此,指挥部派了"专车"——一辆连货箱都没有的平板卡车到农机厂把我这个"老师傅"接去抢修。

进入九寨沟后,集材道的土路面大坑小洼,崎岖不平。车轮过处,尘土飞扬,一个小时才勉强走了十多公里。公路两边的森林被砍伐殆尽,已不见当年遮天蔽日的浓荫。到了 124 林场场部,只见伐木工人三五成堆,坐在院坝的木堆上打扑克。再往前的公路上到处是横七竖八的原木,无法行车,只得背了工具包步行。

经过镜海边时,看见有人在海子边钓鱼。这里钓鱼的方法十分独特:细长的箭竹竿上,系着一根粗短的棕绳,绳端没有钓钩,只挽个小结,也无钓饵。钓者右手执竿伸到水上,大约只需三五秒钟,就提起钓竿,同时左手迅速将撮土用的簸箕伸到竿下,一条鱼就从棕绳上掉进簸箕里。这还真像传说里的"姜太公钓鱼,愿者上钩"。原来藏民从不吃鱼,海子里一种叫嘉陵冷水鱼的无鳞鱼繁衍兴盛,引来了无数的天鹅和绿头野鸭。自有了林场,这里的鱼就成了伐木者餐桌上常见的一道美味佳肴。

在散乱的原木中刚寻路走了不远,忽听一声沉闷的炮响,岩上的沙石刷刷地直往下滚。我以为是筑路队放炮,正要找地方躲避,来接我的人说,这是炸鱼,不用躲藏。寻声望去,果然看见前面海子边有一群人拿着长竿网兜正在打捞。炸死的鱼何止万千,全都肚腹向上,在水面浮起白花花一大片。

捕鱼的人只捞了近处的六七十条，又忙着到更上游处去炸了。

到得五花海公路对岸筑路指挥部的帐篷时，夕阳已靠近西山。海子边的冷杉林早已被砍伐得一片狼藉。夕阳斜斜地投射到海子里，染得海水通体金红。而这时的我，哪里还有心情欣赏那"一道斜阳铺水中，半江瑟瑟半江红"的景致，一头钻进机房，直忙到午夜，才让发动机正常运转起来。

在海子尽头的小窝棚里，我和衣躺在松软的草垫上。柴油机的轰鸣从水面飘过来，显得特别清脆。在这有节律的机声中，我很快进入了梦乡。我似乎又回到了早年的九寨沟，天蓝得那样纯净，林绿得那样葱翠，一群绿头鸭在水上自由自在地飞翔，在蓝天绿树的映衬下显得那样矫健……忽地一声炮响把我震得几乎要从草垫上跳起来，倾耳细听，却是万籁俱寂，连柴油机声也没有了。被恶梦惊醒后，就再也无法入睡。闭上眼睛，海子中白花花的死鱼和路上横七竖八的原木就在眼前活动起来，满世界乱飞。

该到哪里去寻觅我心中的圣地呢？

三进九寨沟

自 1971 年的"9·13"事件后，我和来厂锻炼的"臭老九"们日子好过一些了，业务也更熟练，都已成了厂里不可或缺的技术骨干。新调了一位才被"解放"的老"走资派"来当厂长，对我们更加倚重。我们除了参加日常的生产劳动，也经常在一起研究厂里亟待解决的一些技术难题。我土法上马，制造了锯床、大型卷板机、化铁炉鼓风机等设备；由我主持设计和试制成功的"丰收一号"多用脱粒机和仿制的扬场机等产品，是原来只能锻打锄头镰刀的农机厂的第一批农业机械产品。真可谓"一炮走红"，很快行销全县，还受到邻近甘肃农村的欢迎。1973 年华国锋副总理在北京红星养鸡场的题词"用十年时间实现农业机械化"发表后，南坪县成立了县农机水电局，急需熟悉农机业务的人员，于是把我调去充任农机组负责人。农机组的一项重要任务就是在每年的春秋两季，带领机耕队到各个公社示范。九寨沟荷叶坝"人造平原"条件很好，是我们的重点机耕示范区。

1978 年春，我带领机耕队来这里耕地，四台拖拉机在四百多亩的土地上纵横驰骋，机手们真是兴高采烈。午间休

夕阳中的藏族寨子。田树
昌。作者摄于 1978 年。

息时，我驾了一辆"东方红－28"的车头，沿公路上行，为
的是旧地重游，寻找我梦中的圣景。

　　过荷叶坝上端的小桥时，见到桥下荷叶沟的流水不像以
前那样清澈纯净，变成了黝黑的浊流。公路上载重量达 25
吨的"太托拉"和"奔驰"运材车往来飞驰，马达的轰鸣声
震碎了九寨沟往日的宁静。到了 124 林场，才听说为了补偿"文
革"中拖欠的出材任务，省里正陆续调来大批采伐机具、钢缆、
集材机和进口汽车，以大幅度提高两个林场的采伐出材能力；
并打算再增设一个林场，加大九寨沟的采伐量。南坪县革委
会因为县里社队林场的利益和生态等原因，不赞成省属企业
大量采伐九寨沟森林，1975 年曾经做出决定，九寨沟沿河两
岸 500 米内的森林不得砍伐，而沿河谷两岸恰恰是省属林场
重点采伐区，哪里舍得弃之不采。更何况对于省属企业，县
革委会无权干预采伐区的划分，禁伐决定实际上纯属一纸空

文，根本不能实施。

我驾着拖拉机继续向长海方向驶去。则查洼沟沿路的林木早已伐尽；几个季节海滴水不存，干涸的湖底堆积着大量原木，海子四周和公路沿线，也到处是待运的木材。两边光秃秃的山上，残留的树桩、枯枝败叶、峥嵘的乱石和集材时原木碾成的道道深槽，把这处生态优异的山沟弄得狼藉不堪。我记忆中的圣境再一次被残酷的现实砸碎，而且增加了更多更深流血的伤痕。

我实在不忍再看下去，只好调转满载惆怅和忧虑的拖拉机，回到荷叶继续我的机耕。

这是则查洼沟的一个季节海，每到深秋，原本海水位最为丰盈，但周边森林被高强度采伐后，已成涓滴无存的泥石流滩。田树昌，作者摄于1978年初冬。

九寨沟命在旦夕

　　1978年深秋，我生病住进南坪县医院。好友田树昌来看我，说四川省著名散文家方赫来南坪，想请方赫去九寨沟采访，写一篇文章，把九寨沟森林遭到破坏的情况报道出去；最好我也能去陪同。保护九寨沟是我们近来常议的话题，尤其听说沟里的两个林场准备加快采伐速度，引起我们更大的焦虑。但当时我高烧不退，浑身无力，虽答应同去，但能否成行，殊无把握。

　　树昌原在商业部门工作，我俩都爱好文艺，"文革"前常给地方报刊写些稿子，"文革"中又有相似经历，加之他为人平和诚朴，遂成知心"难友"。这时他是县革委会报道组惟一的专职人员，陪同来访的文化人士自然成了他无可推卸的任务。大约是三天后的夜里，树昌急匆匆地赶来病房，满身尘土，一改往日的从容沉着，还没坐下就开了口："我陪方赫刚从九寨沟回来。124林场鲁场长告诉我们，九寨沟的两个林场'文革'中积压下大量采伐任务，拖欠了银行贷款；这两年道路、电站等基础设施全部就绪，省里正调来大批油锯、集材机和进口汽车，要大干一场。九寨沟正面临更严重

1978年与田树昌
（左）步行到长海
考察时的留影。

的破坏。方赫也很关心这件事，答应著文反映，但最快也要等明年四月才能在《新草地》上发表。"

看来单靠方赫先生的文章是来不及了。好在树昌还带来不少好消息：鲁场长和林场的一些有识之士对于大肆砍伐九寨沟原始森林损坏九寨沟风景，心里并不赞成。他们向方赫、树昌颇为详尽地介绍了前不久我国著名林业专家吴中伦、画家李宗祥来九寨沟时，对九寨沟风景的高度评价和应予保护的意见，并表示回京后将向上反映。这给了我们极大的鼓舞。

"树昌，这事不能再等了。何不我们自己动手，立即发出呼吁。"

当时，主管南坪采伐的"南坪林业局"是和南坪县委、县革委会平起平坐的正县级单位；所产的木材，大部都按国家计委下达的指标直发极缺木材的西北各省。而南坪县微薄的财政收入，四分之三来自省属林场税收和社队林场，连县财政局长也自嘲为"木棒槌财政"，因而对上级林业部门十

分倚重。省林业主管部门刚给九寨沟的 124 和 126 两个林场投入大量设备，正所谓"箭在弦上，不得不发"，所以南坪县革委会在 1975 年发布的保护九寨沟沿河森林的通告未见成效，也无法采取进一步的措施。我们呼吁停止采伐保护九寨沟，且不说能否实施，先就会开罪上上下下不少领导。更何况我与树昌，区区农机技术员和新闻干事，人微言轻，能有多大作用呢。树昌大约也在作如是考虑。沉默有顷，他慨然应道："好，也只能这样办了，大不了再坐几年冷板凳。"

我请树昌把挂在病房墙上的病历牌取来，左手还在输液，右手就在病历背面疾书。吴中伦教授对九寨沟的评价成了我们呼吁的重要依据。

第二天上午，树昌拿来了《赶快抢救九寨沟风景区》的打印稿，说昨夜修改后印了 30 份，已经寄往中央和省里的领导同志、有关部门和新闻单位。

"是成是败都不管了，反正尽了我们的努力，也就于心无愧了。"树昌感慨地说。

我十分赞成树昌这次办事的果决，但于他的说法还有所保留："树昌，既然开了头，就要坚持下去。你在新闻界和文艺界有不少朋友，请他们也参与进来，总会有个结果的。"

话虽如此，可我们对这次呼吁实际上并不敢抱多大希望。

紧急呼吁

不久，树昌接到《四川日报》编辑部的电话，说《赶快抢救九寨沟风景区》已经在《情况反映》上刊出。我是第一次听说《四川日报》还有这么个内部刊物，是直送省委领导参阅的。接着，县委收到由阿坝州委书记程志愿签发的关于加强九寨沟保护的来文，并附有省委书记许孟侠对呼吁的批语和我们的呼吁书全文。

关于保护南坪九寨沟风景区的紧急通知

南坪县委并四川省阿坝州林业指挥部党委：

南坪县委报道组田树昌同志，南坪县农机水电局邓一同志联合向《四川日报》发出《赶快抢救九寨沟风景区》的呼吁，这是一篇很好的材料，表现了广大干部、群众热爱祖国大好河山，保护祖国优美自然风光的高度责任感。

这是 126 林场（日则）场部对面伐区的惨状。森林被砍伐殆尽，集材道里寸草不生，遭遗弃的原木散置在土石间，腐烂后又成为森林病虫害的滋生源。值得庆幸的是，经过五年保护，腐朽的原木大部分已被清除，且有少量箭竹也逐渐恢复了生机。作者摄于 1983 年 3 月。

　　对此，《四川日报》通联组以第四十期《简报》向省委反映，省委书记许梦侠同志于12月6日批示："请阿坝州委和省林业局了解后，采取措施保护。"

　　为了贯彻省委指示，做好九寨沟风景区的保护工作，经州委研究，责成四川省阿坝州林业指挥部、南坪林业局会同南坪县委对此问题及时认真地进行研究，制定具体的保护条例，务必采取果断措施，凡距九寨沟风景区一公里之内的地带，一律禁止采伐森林，现在仍在景区内伐木的，应立即停止。

中共阿坝州委

1978 年 12 月 17 日

赶快抢救九寨沟风景区

编辑同志：

　　我们向您们呼吁：立即采取措施，抢救处于严重破坏中的九寨沟风景区。

　　九寨沟在四川省阿坝藏族自治州南坪县，是白水江的一个支流。主沟长六十余公里，分支纵横，几十座雪峰、"神山"拔地而起，原始森林茂密，河谷海拔二千一百公尺至三千公尺，分布大小"海子"一百零八个，湛蓝的天空，洁白的雪山，墨绿的森林，倒映在宝蓝的海子里，交相辉映，浑然一体，是为独特的"九寨风光"。沟里有我国珍贵的一类保护动物大熊猫、金丝猴、扭角羚、毛冠鹿。二百多米宽的大瀑布下的石山群和海子中，天鹅、鸳鸯常来栖息。长期以来，在藏族人民中流传着许多优美的神话，给九寨

沟的山水树木都赋予了奇异的色彩。

　　九寨沟自来就是被誉为"琵琶成林歌如海"的南坪县的一颗明珠。近年来，随着交通的改善，已闻名省内外，成为我省有名的自然风景区。1975年以来，中央林业部资源处、中国科学院动物研究所、上海美术出版社、上海科技出版社、北京动物研究所及四川省美术学院、重庆自然博物馆、四川省人民出版社等单位的一些负责同志和专业人员专程来访，西安电影制片厂特选此地作拍摄故事片《长海奔腾》的外景，所有来过的同志对九寨沟风景区都有很高评价。中国科学院林业研究所的一位副所长说："我到过世界上许多国家，还没有见过这样优美的自然风光。"中央美术学院的一位教授说："一到这里，简直是进了童话的仙境，用绘画来表现很困难，因为谁也会以为是画家臆造的美景。"

千百年来，为原始森林完全覆盖的陡峭山体，被"剃光头"式的超强度采伐后，成了泥石流十分活跃的地段。田树昌，作者摄于1978年初冬。

但是九寨沟蕴藏着丰富的木材，可采伐的约三分之一，省属南坪林业局 1967 年在这里开办了两个林场，近千人沿河砍去，九寨沟的面貌正在大斧和油锯下迅速改变。南坪县委、县革委为保护九寨沟风景区，于 1975 年专门发出布告，严禁在各海子周围一公里内伐木，南坪林业局广大干部工人也深为自然风光遭到严重破坏而感到惋惜。目前，南坪林业局还准备明春再上一个林场，加快采伐。如果这样，九寨沟就将面目全非了。诚然，木材为国家所急需，但是就南坪来说，主要林区并不在九寨沟内；再说，如果九寨沟作为风景区开放，其收益较伐木巨大。

九寨沟风景区"命在旦夕"！我们紧急呼吁：有关领导部门立即派人前来调查。如果确有价值，则赶紧采取有力措施加以保护和建设。

中共南坪县委报道组　田树昌

南坪县农机水电局　邓　一

1978 年 11 月 6 日

我们的呼吁加入了要求保护九寨沟的合唱，得到如此巨大的反响，实在是始料所未及；而我的后半生也因此与九寨沟结下了不解之缘。

庞旁老人

《四川日报》在内部刊物上发了我们的紧急呼吁后不久，就来电话约稿，要我们写一篇关于九寨沟的详细报道："要有知识性、新闻性和趣味性，最好一月内交稿。"接着多次来电催促。

树昌是县委报道组主笔秀才，善写新闻，但于这样的文章还较生疏；我在"文革"十年，除了写检讨和认罪书，几乎再没动过笔。这时我俩真是焦头烂额，不知如何下笔。一再商量，决定从风景和民俗调查入手。时任县革委会主任的泽仁珠听了我们汇报，立即批给我们一个月"创作假"，而且把县里惟一的小车派给我们专用一周。末了，他笑眯眯地告诉我们："我就是九寨沟人，可惜没时间和你们一起去。你们要了解九寨沟的传说掌故，最好去找树正寨的庞旁老汉，他到拉萨朝过圣，见多识广，一肚子古经。"泽仁珠的支持，使我们的工作有了良好的开端。也就是这位泽仁珠，不仅从一开始就大力支持九寨沟的宣传工作，而且是以后我在九寨沟工作的直接领导，对我在九寨沟的规划、保护和建设等方面给予了极大的理解和帮助。在改革开放之初，在偏远闭塞的民族地区，遇到这样一位领导，实在是我的幸运。在我离开九寨沟之后，他毅然放弃了阿坝藏族自治州旅游局长的职务，回到九寨沟来担任了11年管理局局长，对九寨沟的长足发展做出了巨大的贡献。

出发到九寨沟前，我找来《南坪县志》。清以前的地方志早已荡然无存，幸得在民初的县志里，查到"翠海"一条，是引用早年志书的资料："羊峒番部内，海狭长数里，水光浮翠，倒映林岚。"这"羊峒"，是九寨沟口的老地名。啊，原来九寨沟在古书中就有记载，现在该让它重放光芒了。

我们到九寨沟的第一站住在诺日朗124林场招待所。九寨沟所在的隆康公社派了副书记李忠宪同志来协助调查。当时还没有诺日朗这个地名；而招待所，就是场部宿舍腾出的

泽仁珠派了全县惟一的汽车，给我们专用一周，这是那次赴九寨沟的全班人马。
左起：县委办公室主任薛书林、作者、陈师傅、田树昌。

几间毡棚，只不过较之下面各工段用废弃木板搭成的窝棚稍能遮风避雨而已。县里派给我们的老吉普只有一周期限，所以决定抓紧时间先到各寨走访座谈。

庞旁老人很高兴地接待了我们。他虽已八十高龄，但仍硬朗健谈，而且特别喜欢坐车到景点即兴发挥。他不会汉话，只好请粗通汉语的会计做"通司"（当地对口语翻译的通称）。老人的确是一肚子古经，刚出门就指着树正寨后的山头讲起达戈和沃诺色莫男女神山的故事。这是关于九寨沟起源的神话，其生动曲折简直可以和我国的《三海经》和西方的希腊神话媲美。九寨沟原是荒僻的山沟，只有少数藏民在这里艰难地生活，但却住有许多山神。他特别说明，山神就是那一座山，不是像汉族神话里那样，山神是住在山上的仙人。老人指着树正寨南面的高山说，那就是女神山沃诺色莫，她最美丽仁慈，保佑九寨沟五谷丰登、牛羊兴旺。寨子后面的男神山达戈爱上了女神山沃诺色莫，把西方极乐世界佛爷赐给他的万能宝镜送给她作为定情的信物。他们结婚时，九寨沟遭遇了从未见过的大旱，五谷不结，草场枯死，牛羊锐减，藏民无以度日。沃诺色莫将宝镜高高地抛向天空，顿时满天彩云，甘露普降；宝镜化作一百零八片彩镜，落在地上，成为星罗棋布的海子。九寨沟不但重现生机，而且成为风景秀丽、永无灾难的世外桃源。这里成了世人向往的胜境，连神仙也深为喜爱。西藏的高僧甲宁甲尕来九寨沟讲经，见到这里的景物，就再也不愿离开。骑着犀牛的他来到树正寨边的海子，海子里的水立即向两边分开，于是他便下到水底定居下来。之后他常常出来为藏民讲经治病，还在海子边掘出一眼神泉，藏民们喝了神泉的水能治病消灾。庞旁老人说，甲宁甲尕至今还在水下修炼，所以人们就把这个海子叫做犀牛海，这眼泉水就叫甲宁甲尕。说到这里，庞旁老人颤巍巍地爬上山腰，用神泉水洗眼漱口，说这样能使人耳聪目明，齿固体健。

这是 1978 年初冬，向我们讲述"古经"的老人们。左一是通司，后排右一是田树昌，右二是作者，右四是隆康公社副书记李忠宪，前排右起第三人就是对我们帮助最大的庞旁老人。现在庞旁老人虽已仙逝，但他讲的"古经"已成为九寨沟珍贵的文化遗产传承下来。九寨沟保护和旅游业的辉煌成就，是对老人最好的纪念。

女神山沃诺色莫

男神山达戈

　　现场说法，远比在火塘边清谈切实生动，只可惜那位通司汉语太差，连说带比划，我们也只能听个大意。怕老人家太累，第三天才到扎如沟口。站在两水汇流的一处狭长河滩上，老人对着岸边近公里高的峭壁，双手合十，眼睛微闭，喃喃诵经。我们仔细观望那巨大的山崖，只见它从河边拔地而起，如刀砍斧劈，光滑如镜，寸草不生，确实伟岸险峻；但始终没有看出让老人如此虔诚地为之祈祷的特异之处。正疑惑间，老人祝祷完毕，为我们细细指说这里的故事。

　　这座巨崖叫歇麼扎，是九寨沟最大的邪神。当年达戈和沃诺色莫这对男女山神热恋时，他为强逼九寨沟牛羊的守护神沃诺色莫与他成亲，放出害虫祸害草场，掘断水源使海子干涸，使美丽的九寨沟再次陷入哀鸿遍野、民不聊生的绝境。达戈累次与他斗法，都败在他手下，只好求助于九寨沟神山扎依扎嘎。我至今还清楚地记得，通司几次说到扎依扎嘎时，老人都摆手，着急地一再解释。好一阵，通司才涨红了脸嚅嚅地说："老人说，扎依扎嘎是九寨沟所有大山的毛主席，他要我一定把这个意思告诉给你们。"我思索半晌，终于领会了老人的意思：扎依扎嘎是九寨沟最伟大的神山。后来在我们的文章中，把扎依扎嘎说成"万山之祖"，大致表现了老人的原意。

　　"扎依扎嘎把歇麼扎镇在扎如沟口的巨石之下。这恶魔法力很深，自己与巨石融为一体，逐日长高，几乎要挣脱扎

邪神歇魔扎

"万山之祖"扎依扎嘎

依扎嘎的束缚。"老人娓娓道来:"你们看,巨崖的顶部,就是恶魔的头,看见了吗?"果然,巨崖最上面隆起部分,五官毕俱,口斜目瞪,须发怒张,形象邪恶至极。"正当他要破崖而出的紧急关头,阿宁纳契格萨乘神马从西方飘然而至。格萨驻马崖前,马鞭一挥,在崖上写下八个藏文大字,读如'扎西达遮'。恶魔从此被永远禁锢在崖下,九寨沟这才恢复了往日的美丽宁静。"讲到这里,老人目光凝视着崖壁,对我们说:"你们看那巨崖正中,看到那八个字了吗?"大家细细搜寻,那巨崖光滑的壁上,变戏法似的逐渐显现出一些笔迹,那是岩石皱褶形成的纹理。我们兴奋得手舞足蹈,仔细辨认,居然看出五六个类似藏文的字符来。但无论怎样努力,总不能认出剩下的字样,只好请教老人。庞旁老人狡黠地一笑:"这些字须得自己辨认。谁能认出八个字来,格萨就会保佑他一生好运。我不能告诉你们,还是你们自己以后慢慢细看吧。"后来听泽仁珠说,这位阿宁纳契格萨居然就是藏族传说中的大英雄格萨尔王。

一周时间很快就过去了。这期间,我们在树正、扎如、荷叶、盘牙、则查洼乃至沟外的彭布、风汛塘等几个寨子走访了不少老者,收获不小;当然,要数庞旁老人给我们的帮助最大。小车回县后,我们又住回到林场,夜里与林场的朋友们座谈,白天则步行或搭乘偶尔遇见的运木材的大车,去探查远处的海子和神山。

轻松中的凝重

　　神秘的九寨沟在我们眼中渐渐清晰起来，它既纯朴，又娇艳，确实是天下第一美景，令人神往。但与林场朋友座谈所闻和在日则和则查洼各工段所见，却令人揪心。

　　鲁场长毕业于东北林学院，知识广博，胸襟开阔，虽以伐木为业，工作繁忙，和我们交谈不多，却很支持我们保护九寨沟，特意安排了职工中的"老九寨"们给我们介绍情况和陪同考察，我至今想起来仍然满怀感激之情。

　　起初的几次座谈大多是关于熊猫的逸闻和钓鱼的乐趣，大家都愉快轻松；话题转到保护，气氛就变得凝重沉闷起来。林场办公室的张国威先生最为热心，带我们去看了几处伐后迹地。日则当时是126林场场部所在地，这里的河谷平地和附近低山上的林木已经砍伐殆尽，右岸山坡正在集材。只见几条钢缆从山腰伸向河边，每次牵引两三根巨大的原木下山，把沿途的灌木、箭竹，连带周边的泥土一扫而光。有时原木横着滚下，响震山谷，破坏的范围更大，真像秦始皇的赶山鞭，把山坡撵得寸草不留。在我们眼里，那是青山流血的累累伤痕，真是目不忍睹。则查洼寨至长海17公里公路两边的树木已惨遭砍伐，长海边正用履带式集材机从山上运材，钢铁履带和拖带的原木，所到之处，草木荡然无存，连泥土和山石也一齐铲刮罄尽，那惨状比日则更甚。下山的路上，老张指着几处干涸的洼地说，前几年这几个海子，从初秋到冬末蓄水丰盈，现在滴水无存，就是砍伐森林造成的；不仅如此，夏季下暴雨时，伐后迹地发生泥石流，海子混浊，须得十天半月才能澄清。接着老张把我们带到镜海源头，指着海子当中一棵枯死的大树说：五年前我们划小木筏来这里钓鱼，枯树上游七八十米处水平如镜，现在被对面山沟冲下来的泥沙淤积，水草已经延伸到枯树下面来了。他摇头叹息，唏嘘不已，我们心情也如压了千钧重担般沉重。

这些资料当然不能直接用在这次要写的文章里，但这次考察使我深受教育，对我后来参与九寨沟的总体规划和管理

1978年初冬第一次探勘珍珠滩。右一为124林场办公室主任张国威先生。他虽以采伐九寨沟林木为业，但见识高远，热忱支持保护九寨沟的生态环境，对我们帮助很大。左一为作者。田树昌摄。

1978 年 12 月《"童话世界"九寨沟》文稿初成，我和田树昌多次下到海子边，用录音机反复播放，听后再反复修改。

工作，坚持把保护放在首要地位，起了重要作用。这时省林业行政部门下达了建立九寨沟保护区的指示，而九寨沟的砍伐不但没有停止，对林地破坏极为严重的集材作业比以前更加剧烈地进行着，出材量也在继续猛增，令人着急痛心。

　　手边有了不少资料，但都零零碎碎，又苦于没有前人的成文可以借鉴，不知该从哪里着笔。树昌和我反复商议，理出的提纲多次推翻又再拟，总难以满足川报编辑部"知识性、新闻性、趣味性"的要求。每次都是由我拉出初稿，树昌逐字逐段修改补充。文里要介绍的一些重要景点没有名字，树正寨附近的四十多个海子连成一串，树昌叫它"树正群海"；124 林场近处的海子清晨和黄昏风定时平静如镜，我把它写成"镜海"；林场前面的瀑布，我们请教白河区杨万成区长，他说大概是叫诺日朗吧，我们也就以之为名。熊猫海、箭竹海、双龙海、高瀑布等许多景点的名字就是在写这篇文章时现取的。勉强成文后，树昌用录音机录下来，然后我们又到海子边的大树下边听边改。就这样，紧赶慢赶，过了1979 年元旦才算定稿，起名《"童话世界"九寨沟》。

"童话世界"

《"童话世界"九寨沟》在 1 月 31 日《四川日报》全文刊出，我和树昌着实感谢编辑老师，也为保护九寨沟再一次做了自己的努力而兴奋不已。

虽然远不尽如人意，但终究是见诸报端的第一篇公开报道九寨沟的文章，其内容乃至章节，到现在还被不断引用。

"童话世界"九寨沟

九寨，是镶嵌在阿坝藏族自治州南坪县万山丛中的一块瑰丽宝石，但是它却很少为世人所知。

九寨的主沟纵横六十余公里，其间有几十座雪峰，原始森林茂密，河谷里分布着大大小小的海子。湛蓝的天空，银白的雪山，墨绿的森林，倒映在宝蓝色的海子里，交相辉映，浑然一体。这就是具有独特风格的"九寨风光"。

《南坪县志》里有《翠海》一则："羊峒番部内，

海狭长数里，水光浮翠，倒映林岚。"可见九寨沟古已有名。但沟内"翠海"何止一个，在这里，如串串晶莹剔透的明珠，分布着百余个海子。一位八十多岁的藏族老人庞旁给我们讲了一个神话故事：这些海子都是女神山沃诺色莫的宝镜。他说，远古时候，九寨只有苍茫的群山。万山中，最美丽的神女山沃诺色莫为男神山达戈所热恋。但神女迟迟不应允达戈的追求。一年春天，达戈低吟情歌，第一万次向神女倾吐衷情。色莫终于第一次作歌应和。为了表达爱情的坚贞，达戈历尽艰险从魔鬼歇麽手里夺回了金钟。金钟一动，天摇山晃，电闪雷鸣，瞬间地上出现了一百零八个海子。这就是达戈送给沃诺色莫的宝镜。为了庆祝沃诺色莫和达戈的婚礼，西边的盖依饶觉山送来了鲜花和彩云，把神女和她的宝镜装饰得更美；东边的亚拉乙觉山送来了董尕（大熊猫）和天鹅、鸳鸯，让

《藏寨春雪》
经幡烈烈松烟斜，老树枝头噪寒鸦。
漫道山寨春来晚，一夜东风尽著花。

神山

瀑布

海子

神女永不寂寞。慈悲的万山之祖扎依扎嘎，帮助达戈打败了歇麽扎的报复，把它压在九寨沟口的巨崖之下。沃诺色莫与达戈相亲相爱，九寨的风景也如他们的爱情，愈来愈美好。

九寨沟的大小海子各具特色。则查洼沟里的长海，长达十五里。乘独木舟逆海而行，两侧悬崖壁立，遮天蔽日。一声号子，山鸣谷应，婉转回荡，良久乃息。行二里右拐，过一道山崖，海面豁然开朗，原始森林从水边伸展开去，直接雪山。蓝天、白云、银峰、绿林，都被海水映得发蓝，越是显得晶莹透明。泛舟海中，心旷神怡。

树正群海则又是一番景色。四十多个海子，头衔尾，尾接头，逶迤十多里。海子之间不是土埂石块，而是钙质结成的乳白色长堤。堤上长着茂密的丛林，流水在树丛中穿行，形成无数台瀑布。小海半亩园塘，大海千亩以上，大都深不见底。四岸有千年古柏，奇花异草。春夏两季，林木葱茂，百花争艳。寒露以后，花儿谢了，然而山槐绛红，山杏朱紫，椴叶浅黄，黄栌深橙，一簇簇山果，活像朵朵火苗，跃杂在墨绿的松林间，一齐倒映于海水之中。微风吹来，又将它们融在一起。斑斓的秋色，令人心醉。

九寨沟不但风景绮丽，而且生物资源丰富。百余里山沟，遍布云杉、冷杉等珍贵林木。原始森林内生长着大片箭竹。东面紧邻白河金丝猴自然保护区，东南与著名的王朗大熊猫自然保护区相连。大熊猫、金丝猴、扭角羚、毛冠鹿、"四不象"等珍稀动物时有所见。去年十月一个晴朗的下午，九寨沟林场场部左侧的海子边上，重庆博物馆的一位画家正沉浸在缤纷的湖光山色中。突然，一头大熊猫踏着参天松树下的枯枝，蹒跚下海。画家一惊，拔腿就跑。大熊猫慢慢走到画架前站定，盯住画板，摇头晃脑，俨然是一位内行在欣赏画家的大作，它甚至把鼻子凑拢画板嗅了又嗅，任画家大声吆喝，它都置若罔闻。过了好一阵子，它终于确定那不是好吃的食品，才摇摇摆摆踱到海子边去喝水。

九寨沟，这被誉为"童话世界"的地方，并非世外桃源。这里有荷叶、树正等九个藏族村寨。居住在这里的藏族人民，解放前世世代代受反动统治者的残酷压榨，也与封建王朝作过殊死的斗争。清雍正二年，九寨人曾联合全羊峒的藏族与官兵大战于弓杠岭下，猛挫官兵之后，即派老者与觉勒则窝（爱新觉罗皇帝）的代表在川、甘交界的纳楂谈判。他们乘战胜者的军威，在山上遍燃篝火，广树旗幡，布下疑兵，迫使朝廷让步。雪山下，海子边，至今许多藏族老人还在歌唱

彩林

藏寨人家

原始森林

那次战斗，颂扬参加那次战斗的英雄。

解放以后，九寨沟已从闭塞落后的农奴社会跃入社会主义时代。荷叶、树正等三个大队都在海子边建起了小水电站，用上了拖拉机。所属五个生产队，包括主要游览地，都已通了公路，粮食连年丰收。在保护自然资源方面，他们也做出了显著成绩，先后被评为州、县学大寨先进单位。最近，四川省委、阿坝州委、南坪县委已分别指示或下达文件，要求在九寨沟内立即停止伐木，大力保护自然风景。翻身农奴和广大林业工人欢欣鼓舞，决心团结一致，把九寨沟建设得更加美丽。

后来有几篇记载我们呼吁保护和写《"童话世界"九寨沟》情况的文章，最早的一篇发表在《西南旅游》上。《四川日报》1984年9月24日登载了资深记者傅雨贵先生的《美的发现》，写得较为详细。著名诗人梁上泉先生在《三游九寨沟》里也有记述，还引用了呼吁书的全文。这些文章大抵反映了当时的真实情况，也算是对我们当时工作的一点纪念吧。

终于成了风景区

　　1979 年底，我从农机水电局调回县委。那时许多有识之士，特别是林业专家吴中伦教授和中央美院画家李宗祥的呼吁和建议起了作用，林业部已批准建立九寨沟自然保护区，保护区管理所也得以建立，由县林业局副局长王尤洲兼任所长，并初步开展了一些工作。这是九寨沟的一个转折点，为九寨沟的保护打下了一定的基础。当时除了林业部门的客人外，其他人员进入九寨沟，一般都需由省林业行政部门出具介绍信，所以，这些客人特别是建委系统的来人，大都仍由县里直接安排接待。

　　当时南坪县已经建有白河金丝猴和九寨沟大熊猫两个保护区；邻近的平武县和甘肃省文县也都有不少同类型的自然保护区。这些保护区的规章制度无疑是十分必要的，但缺乏与发展当地近期经济相关的有效措施，因而对地方的经济发展并没有起到十分有利的作用，以致有"越保护越穷"的说法。九寨沟在划为保护区前的 1978 年，社员人均收入高于全县水平 21%，是县里有名的富裕队；到 1982 年，即划为保护区后的第四年，已经低于全县人均水平 4.3%。同时，严格

风景资源调查组部分人员与藏族喇嘛的合影。前排左一就是"风景区的保姆"钱振越总工。

限制外人进入九寨沟，与地方政府想依托九寨沟发展经济的思路不太吻合；保护区业务由省林业行政部门直管，也使州、县、乡地方政府难以更好地发挥作用。所以当省政府派风景资源调查组来九寨沟时，已担任县委书记的泽仁珠十分欢迎，指定我参加调查组的工作。

已经是1980年初冬，天寒地冻，我匆匆赶到九寨沟124林场招待所，在简陋的油毛毡棚里，见到了调查组长、省建设厅规划处总工程师钱振越。这位中年学者身材较胖，偏偏行动轻快、话语简捷。刚见面，来不及寒暄，他就拉着我到其他棚户去见调查组的成员，有省旅游局的王祖鸿先生、省规划院的工程师王增成，以及省文化厅的专家等十来人，国家建设部的马群工程师也同行考察，惟独没有林业部门的人。我问钱总，他说省府通知了林业厅，但没有来人。我想，九寨沟是国家级自然保护区，林业部门对这里的自然资源已做过多次科学考察，积累了大量第一手资料。即使作为风景区，九寨沟也是以自然景观为特色，而省林业厅不派人参加这次风景调查，或是有别的考虑，只怕对九寨沟今后的工作不利。心存的疑问还来不及提出，钱总就拉着我的手，把我拖到公路上，一面走一面说："九寨沟实在太美、太神奇了。我们快走，先到近处看看，回来再细谈。"

钱总专业水平很高，精于风景专业，又能团结同仁，工作进展十分顺利。大家白天踏察景点，走访村寨，晚上组内座谈。经常在散会后，钱总还与我秉烛夜话，直到深夜甚至通宵达旦。

我1954年底毕业于重庆市高级农校园艺科，于风景园林学稍有基础；但近30年来"风景"与"风花雪月"一起被当作"资产阶级闲情逸趣"，同属被清扫之列，我原有的一点专业知识早被抛到爪哇国去了。参加调查组期间，与这些高水平的专家共事，是难得的学习机会，尤其是钱总在现场热情洋溢的评点和回到驻地的彻夜长谈，以及向王增成先生的请教，使我受益良多。

调查报告是钱总他们回省后撰写的。经省政府批准，及时上报国务院。不久，钱总来了电话，四川上报的几个风景区，受到建设部高度评价。1982年国务院公布了第一批39个国家重点风景名胜区，四川九寨沟—黄龙、峨嵋山—乐山大佛、剑门蜀道、长江三峡、青城山—都江堰、嘉陵江小三峡—钓鱼城—北温泉等都榜上有名，成为全国风景名胜第一大省。后来从这几个风景区的同仁处得知，他们同样得到了钱总热情周到的指导和有力帮助，大家都称他为"四川风景名胜区的保姆"；因为钱总白而且胖，面慈心善，我给他取了个外号叫"玉石罗汉"。他是我终身难忘的老师和朋友。

建设部十分关注九寨沟风景区建设和保护自然资源的事宜。城市建设司副司长甘伟林、风景处处长王秉洛来九寨沟

上：国家建设部十分关注九寨沟建立风景区的事宜，长期以来对九寨沟的工作给予了热忱的帮助。图为城市建设司副司长甘伟林（中）、风景处处长王秉洛（右）来九寨沟深入调查时的留影。左为作者。

下左：资源调查途中、左二为作者。右二为泽仁珠。

下右：参加九寨沟风景资源调查的部分人员。右起：省旅游局王祖鸿，建设部马群，作者，特邀来临时参加的副县长汤才伦，摄影者为县府办公室主任黄茂修。

深入调查，同行还有清华大学朱畅忠教授、北京大学谢高教授，可惜没找到后两位的照片。朱教授曾几次来信，指导我们加强保护工作。为争取建设经费，我曾到建设部甘伟林先生办公司纠缠了近半个月，甚至坐在他的办公桌上"耍赖"。甘先生大度宽容，并不见怪，给了我许多帮助。我调回重庆后，他还曾两次来看望我。每当我想起这些领导和朋友，心里就充溢着温馨的情谊。

九寨沟被批准为国家重点风景名胜区，是又一次重大转折，可以说是九寨沟发展史上非常重要的里程碑。虽然引起了林业部门一些同志的不满，给后来的工作带来一些困难，但对九寨沟的长远发展，确实起到了不可估量的作用。

1982年，县里决定设立"九寨沟风景名胜区筹建组"，由我兼任组长。县委办公室和九寨沟的工作都多，忙得我焦头烂额，却也毫无怨言。保护区管理所没有纳入筹建组，但管理所多数同志对我们的工作十分支持。第一个正式调来筹建组的是县林业局副局长王尤洲，藏族，熟悉护林，能很好地与保护区管理所协调；接着调来的是我原来在县农机厂的同事唐丹杰先生，他学的是水利，但对风景区工作热情好学，长于经营和接待，在筹建期间给予我很大帮助。这时管理所已经在沟口修建了办公室和宿舍，但筹建组还只能待在诺日朗四面漏风的毡棚里，工作和生活都很艰苦。

这期间，我们的接待事务很繁忙，接待的人可谓多矣，印象最深的是四位我的"老乡"：诗人梁上泉、诗人将军张爱萍、画家夏培耀和画师邓林。

诗人梁上泉 画家夏培耀

　　著名诗人梁上泉先生来九寨沟的时间大约是 1981 年的夏天。那时他是重庆市作家协会副主席、全国人大代表，但毫无架子，一到景点，那看似矮壮笨拙的身形，立即变得活泼灵动起来，蹦蹦跳跳，在林下水边蹿来蹿去，激动起来又笑又嚷，总是提出似乎永远也提不完的问题，就像个童心未泯的大孩子。在我介绍的情况中，他对达戈和沃诺色莫的神话最感兴趣。那时我还兼着县委办公室的工作，不能全程陪同。我刚回县城的家里，还没来得及休息，他竟然接踵而至。他说，九寨沟还处于初创阶段，须得大力宣传，把九寨沟的神话故事编成电影，就如影片《少林寺》对于登封一样，能大大提高九寨沟的知名度。就在我狭窄简陋的寝室里，我把当年搜集所得尽数讲给他听，他也毫无保留地畅谈他的种种设想构思。渴了喝一杯粗茶，饿了吃一碗小面，两人兴致勃勃地谈了一夜。

　　不久，他来信说剧本已经脱稿，名字叫做《神奇的绿宝石》，以神话为主线，目的是展现九寨沟迷人的风光。后来这部影片由峨嵋电影制片厂拍摄，在内地上映，有较大影响。

可惜我只见到影片的宣传画，没有看到这部电影。

　　我回重庆后，他不知从哪里得到消息，几次来看望我。每次见面，谈兴不减当年，评景论事，率性直言，毫无官场的套话和一些文人墨客的矫情。他送给我他的散文集和由他自己手书的诗集，卷首都特地题写了赠言；但当我向他索要《神奇的绿宝石》剧本时，他总是说虽然已经成片，但因为经费不足等原因，尚不完善，剧本也需要修改，以后再给我。他将出版新书时，把其中《三游九寨沟》文稿寄给我，文中记叙了我和树昌呼吁保护九寨沟的情形，全文引用了《赶快抢救九寨沟风景区》，肯定了呼吁的作用。我去信说，时过境迁，请他把呼吁的作用尽量淡化。从他后来寄给我的新书中，看见他已经接受我的意见，对这一段作了修改。

　　梁上泉先生是九寨沟草创时期的有功人士，曾相约一同重游九寨沟，可惜我忙于俗务，终未践约。最近从我的小弟廷良处得知，他现在依然身体矫健，欢若顽童，以诗书自愉，真为他高兴。

诗人梁上泉

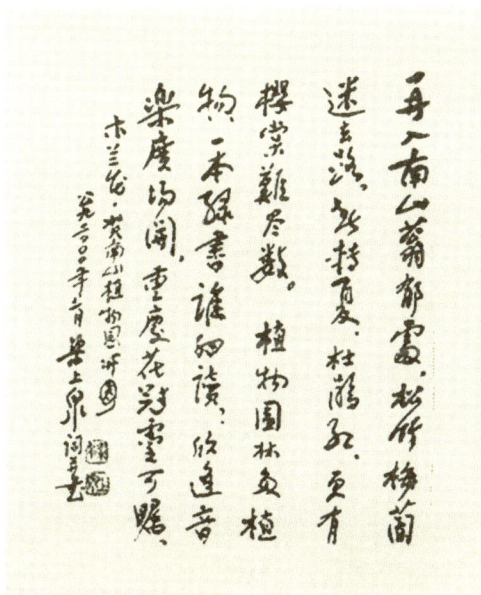

画家夏培耀教授是 1982 年秋率四川美术学院学生来九寨沟写生的。那时成都"万岁馆"——当时对四川展览馆的俗称——正举行南坪县（现在的九寨沟县）画家简崇志的画展。简崇志比我小十几岁，是我的忘年之交。他毕业于美院附中，有很高天分，以九寨沟风景为题的水粉画，特别是那幅熊猫饮水图，在四川美术界引起不小轰动。但在没有到过九寨沟的画家看来，小简笔下的风景着色太浓，"世间哪有这样宝蓝的水，如此红艳的林，画得太俗气了"。夏教授是小简的授业老师，在成都看了画展，也曾为此摇头叹息。

美院一行来九寨沟时，和我们一起住在油毛毡棚里。每天早上带几个馒头，背了画架，到海子边一坐就是一整天。我得知夏教授是解放后最早到东欧进修油画并获得硕士学位

画家夏培耀

的大师，便常于他们写生回来后，去看他们的画稿。他们在五花海边逗留的时间最长，大约有一周左右。写生回来，师生都坐在棚户前的石阶上互相品评；每次都见到夏教授一面看自己和学生的画稿，一面缓缓摇头："你们用色太淡，我画的也没有表现出五花海的绚烂。当初总说简崇志用色过浓，他虽比我们接近九寨沟的真实色调，其实连他也还没有完全把九寨沟丰富的色彩都表现出来。"和几位同学讨论时，他眉头始终紧锁："我每天下午离开五花海时，以为画得已经大体近似，但早晨去了一看，画布上的颜色远没有海子的蓝色深浓，只好重新着色。九寨沟的海子真是神奇，很难充分掌握和表现出她内在的美。"他追求美的执着，使我这个美术的门外汉为之感动，也参与讨论："就我所知，早晨和下午，阳光的入射角不同，海子的颜色也随之变化，倒不是你们画得不好，或者应该把早晚的海子分别描绘才对。"

学生实习期满，恋恋不舍地离开了九寨沟，但夏教授不走，留下来继续写生。这段时间他更加勤奋，常常连早餐都顾不上吃，带几个冷馒头，刚见天光就赶往景点，直到天晚不能再画，才匆匆回来。秋后气温骤降，夏教授借了一件破旧的棉军大衣聊挡风寒；钱和粮票也已用尽，又向我们借了一些。看见他因为生活艰苦，工作又超强度地紧张，渐渐变得又黑又瘦，我们都很心疼，却又爱莫能助。他离开九寨沟时，我正忙于别的事务，没能为他送别，以后也没有联系。但他对事业的热爱和执着，始终激励着我。遗憾的是，我回到重庆后，没有机会去拜望他；虽留意于能见到的画展，也看到夏先生的几幅作品，但终究没有见到他画九寨沟美景的杰作。倒是简崇志送给我的画册，那是早期宣传九寨沟起过很大作用的作品集，我珍藏至今，但也不知崇志的近况如何，总是使人挂怀。

"琼林翠海"

　　1982年夏，接省委办公厅通知，有首长视察九寨沟，二级保卫。这是至那时为止最高规格的接待。先来检查接待准备工作的是大家称为"毕司令"的省委机关事务管理局局长，接踵而至的是中央军委办公厅警卫局的同志。住所、环境、餐厅的"隐患"一一仔细查过，那些被认为"不可靠"的工作人员全部暂时调往别处，以县里的县科级干部顶替，对菜单也作了逐项审查。我还能记起的是，当时请了县人大副主任杨朝英女士来担任餐厅服务员，专为首长送饭。防疫站的几名工作人员除了督促彻底清理卫生外，还必须于每道菜肴上桌前"试尝"，以便确认没有毒物。还从县医院调来医护人员和设备建立了医疗组。对游览路线的研究更是细致入微，只去近处游览，道路不畅和海拔较高的景点不能向首长介绍。明岗暗哨连我也不知有多少层。我虽已接待过不少省部级领导人，但遇到这样严格而繁琐的安全保卫措施，而且连接待的是谁都不知道，不由得心里格外紧张。

　　很快，首长来了，是时任中央军委副秘书长、国防部长的张爱萍将军。

从《红旗飘飘》等很多讲述革命英雄故事的书籍上，对这位战功赫赫又有文才的诗人将军我已略有所知。将军在沟口下车，身形高瘦，精神矍铄，身着便装，戴了副圆形墨镜。和我握手时，将军一口川腔："早就想来，今天终于到了。你们在这样偏僻的地方工作，辛苦啦。"平易近人之态可亲。接着，他拉着我的手，向我介绍和他同来的一位身材高挑儿的女士："这是我的爱人，在民航工作，你就叫她李大姐好了。"首长居然这样和蔼可亲，我紧张的心情一下子松弛下来。在两天陪同游览的过程中，更感到他十分平易近人，于饮食起居也都是随遇而安。我心想，接待准备那样兴师动众，这个情况将军一定毫不知情吧。的确，自那以后，接待党的总书记和国家总理，"规格"应该说比这次更高，但领导人都轻车简从，我们的接待准备也远没有那次紧张繁冗了。

视察的细节不必细述，惟有一件事我至今不能忘怀。

在镜海边，张将军说："这里的风景很好，但叫做九寨沟风景区，既不响亮，也容易让人误会成韭菜沟。你不是说《县

志》上称之为翠海吗？不如就改成'琼林翠海'，你看如何？"

"琼林翠海"精练地概括了九寨沟风景的主要特点，文采斐然，但"九寨沟"早经国务院批准，并已传遍国内外，所以将军的这个问题，我感到很难回答，只好含糊地说："国务院批准的总规，是以九寨沟为名，改名须得层层报批。"张将军爽朗一笑，说："那是当然，我只不过是个建议，你们慢慢商议吧。"

回到驻地，我请将军给九寨沟题字，他高兴地答应了。铺开六尺宣纸，笔走龙蛇，写下"琼林翠海"四个大字。

将军走后，我赶紧派专人把将军的题字送到成都，拜托成都市文化局文物保护处处长陈古泉先生拿去装裱。恰在这时，接到张将军的秘书刘战勤同志寄来的一个老大的信封。刘秘书清秀劲健的硬笔书法，使我眼睛顿时一亮。在对我们的接待工作表示感谢之后，他着重说明将军回成都后，认为在九寨沟题字中，"翠"字写得不很满意，特地重新写了，随信寄上。

张将军再次题字，不但体现了他一贯严谨的治学风格，也饱含着对九寨沟所寄予的厚望。我又赶快派人送到成都，请陈处长重新装裱。几经研究，"九寨沟风景名胜区"的名字没有再作改动。

我把将军的题字挂在接待大厅，作为当时的"镇沟之宝"，曾引起无数参观者的激赏；在制作九寨沟门票时，也把将军的题字印在上面。将军作古之后，这幅题字更成了九寨沟珍贵的无价文物。

"真的四川人，假的四川话"

　　1982年国庆节前夕，接到在省里开会的南坪县委书记泽仁珠的电话：10月上旬有一行六人来九寨沟，县里要安排好食宿，指定由我陪同，但没有说明客人是谁。

　　10月7日清晨，接到松潘接待站的电话，说客人已过松潘。县委副书记雷锡通、公安局老杨以及树昌和我，立即出发，前往迎接。满满一车人，迎至永竹寨下等候。不久，来了一辆蓝白相间的丰田越野。见到我们的车，对方也停下，一位老者过来联系，果然是客人到了。

　　下车的一位女士，身高大约一米五多，四十多岁，已经稍微发福，操着川腔简捷地说："我叫邓林。"

　　我们当时竟不知这邓林为谁，在回程的车上猜测纷纭。"她多半是小平家的人，卓琳化为邓姓而留其名，即邓林是也。"但疑问也随之提出：卓琳会这样年轻？"也难说，她们一来保养得好，二来会化妆，乍一看谁也说不准她究竟是多大年纪。"有人如此答疑。其实她并未刻意化妆，论穿着也不比南坪的居民好，看来不像卓琳。讨论只好不了了之。

　　到了九寨沟口，省接待处的油植同志悄声告诉我们，这

是小平的长女。呵，又是一位老乡，众疑始释。她虽然衣着朴实，毫无"架子"，但大家出于对小平同志的爱戴，对她也很尊重。

邓林一行住在诺日朗。刚住下，邓林就坐在院里洗衣服。这时我才细看她：短发，圆脸，右边嘴角有一道浅淡的疤痕。灰布衣裤、草黄色浅统胶鞋，戴的那副黑框眼镜镜腿太长，老是往下滑，几乎总是挂在鼻尖上。这哪里像北京画院的画师，活脱脱就像一位来伐木场探亲的川东妇女。

"怎么不休息一会儿，刚到就忙着洗衣服。"我这算打个招呼。

"啊。"她的视线从镜框上方投出，"再不洗明日没穿的了。贵姓？姓邓？哈哈，五百年前是一家。"声音有些低哑，川腔里带着卷舌音。

于是话匣子拉开了，从黄龙的高山反应、弓杠岭下的精神舒畅，到诺日朗全车人的激动，如竹筒倒豆一吐为快。末

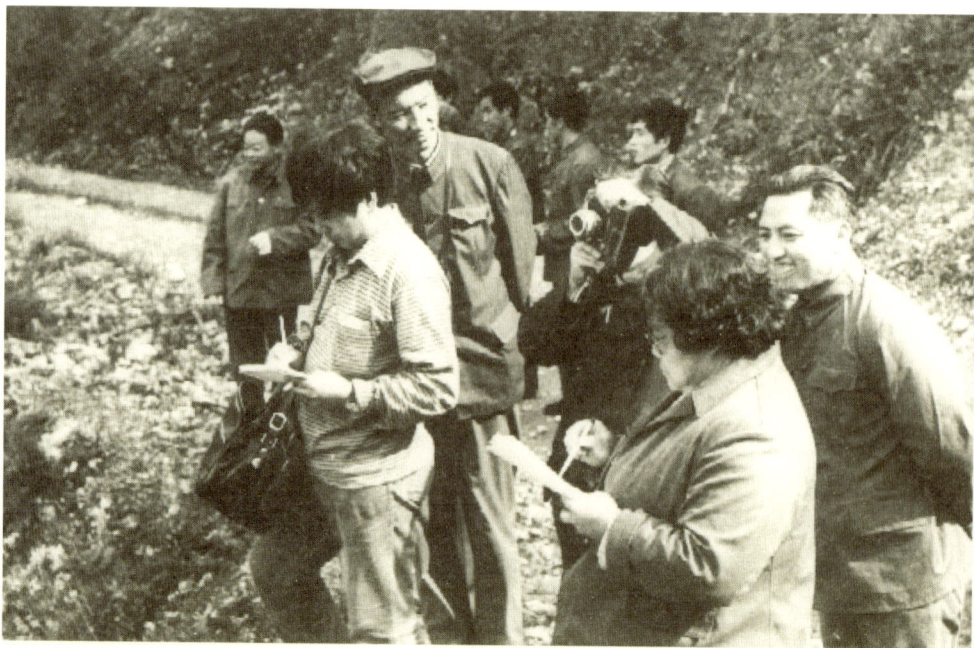

邓林（右二）在五花海边写生，右一为南坪县委副书记雷锡通，中间戴帽者为作者。

了说到接待，她说："伙食尽量简单些；大家都忙，有事的同志就请回县里吧。"依然是那样干脆爽朗。

从陪同前来的油植同志处知道，邓林在北京画院工作，很少出门。几个月前本就有来九寨沟写生的打算。九月，适逢邓小平同志陪金日成到成都，遂随行；小平回京，她获准留下，电邀北京画院庄言副院长、画家杨延文和张红年来川；在金牛宾馆会齐后，打道进山。

平心而论，邓林很容易相处，她对于接待规格和待遇级别之类，似乎一点也没放在心上，给我们的感受倒是少见的朴实开朗。

我担任导游，挤在丰田车上，一路向他们介绍情况。车里挤了七人，邓林总是坐在中间座位的前沿，拱着身子以免挤了别人。车一停，就拿了速写本，用彩色绘画笔画些小景的速写。杨延文是用装有墨汁的泡沫笔，下笔准确，粗旷有力，看来功力颇深。张红年用的是彩色铅笔，与杨的风格迥异，画出的速写仿佛我儿时常见的外国童话书中的彩色插图。惟有庄老不画，只忙着照相。

在树正瀑布前作画，邓林坚持不要工作人员陪同："你们忙活去吧，我们画画，还要陪什么。"雷书记提议留下公安局的杨同志，她对那位"公安"说："我一画就是半天，你多枯燥，见你没趣，我心里也紧张，总想赶快画完，两下都碍事。我能出什么事儿？你们放心回去，到吃饭时来接我得了。"就这样，一个陪同人员也没留下。

中午，小车来接，她很快收拾起画具，悄悄走到其他几位画家背后看了看，就不声不响地自个儿钻进车里等着。足足等了二十多分钟，他们的一行才到齐，正要开车，她开口了："再等一会儿吧，早上顺道搭我们车来画画儿的小伙子还没来呢。"来接的人说已过中午，先赶回去吃饭要紧。她说："待我再去叫叫，刚才我去看他时，也快画完了，车一走，他得走两个钟头。"结果还是接待人员去叫了那位运

气不错的小伙子一起回去。

她很少说起她那位颇富传奇色彩的爸爸。在车里，说起高山的阳光和海子的色彩，不知怎么扯到山里人和城里人的肤色。

"我们一家都黑。我的弟弟，先是叫小熊，俄文叫米什喀。后来杨尚昆见他黑，给取个名字叫'小黑人'。我的儿子又长得黑，杨尚昆见了，也叫他小黑人。"

张红年接着话茬儿补了一句："最黑的是你爸爸，不但他黑，还黑了你们一家，所以叫'大黑帮'"。引得满车人一起哄笑。

我趁机对她说："你回家时，请你父亲也来九寨沟看看多好。"

她说，爸爸知道九寨沟风景很好，想来。但他出门由不得自己，还得批准。路程太远，恐怕来不了。你们的盛意我可以带到。

在熊猫海边拍照，她提了个美能达小相机，东比划西比划，就是不按快门。我问："这么好的风景，咋不照呢？"

"哎，只有九张底片了。"

"彩卷吗？"

"是的。我知道这里找不到彩卷，本来还有一个装了黑白卷的机子，可临上车我硬没敢带。"

我奇怪了，问："多一台相机有什么不敢带的？"

"我能挂两个相机吗？"她轻声叹惜，又摇了摇头。

"来九寨沟的人，带三两台机子多的是，连我和树昌不也都背了两部吗？"

"你们挂十台呢，也是应该的；我要挂两部，准得有人说：看，某某的女儿，真阔气。"

听见邓林的叹惜，真还有点为她抱不平呢。

我悄悄地问杨延文，邓林在画院担任什么职务。杨对我的这个问题感到奇怪，说："她任什么职务？没有职务，就是画师。除了画画什么也不管不问，从不多嘴，开会就坐在角落里，从不引人注意。她家似乎有个什么不成文的规矩，回了家也不怎么谈画院的事，院里也没人求她传个话办个事儿什么的。很普通的一个人。"

九寨沟当时的接待条件很差，油植同志要求多做面食，照顾这些北方客人的口味，我们尽了努力，也只有挂面和馒头。无论吃什么，邓林都吃得高高兴兴。"不要太麻烦了，米饭馒头我都喜欢吃，只是菜要减少，多了是浪费。"

我问她习惯四川的饮食吗？她说："当然习惯。我是真的四川人，假的四川话。"

晚上在客房里，什么娱乐活动也没有，只有乱侃。

没有固定的话题，从写生、素描、绘画说到了题字。邓林说："吴冠中老师的说法我不大赞同，他说好多的国画其实不用题字，许多画作的题字都是多余的。"她说话时，不着手势，一动不动地坐着。

杨延文穿着军棉大衣，两脚盘在床上，用衣襟盖得严严实实。他说："有的画，没画几笔，字倒占了一大半；有的画一看就懂，也胡乱凑些题字写上去，字也寒碜，倒不如不写。"杨的"京片子"说得清晰流利，简直像是马季在念台词。他先对邓的意见略表异议，但接下去又说："不过，要是构图的时候已经把题字考虑进去，不但留有题字的位置，而且把它当成构图的一个部分，那当然是可以的。"

邓说："题字还是需要的，写得太寒碜的那当然甭往上写。我的字，写得太松，除了邓林两字而外，都像癞蛤蟆似的。"一面说，一面分举两手，手心向前，作"癞蛤蟆"状。"所以我总也不敢大胆题字。"

"你的字松，只要松而不散就行。黄永玉的字本不特别好，画一下出名了，找他写字的人也多了。"

"我的字不但松，还太寒碜，老也练不好。"

"寒碜本身也是一体，一种风格。"听杨说得如此左右逢

邓林赠作者的《墨梅》图。

源，我心里暗自吃惊。这时，杨谈兴正浓，提高了声音，语言更加流畅。"要说到练字嘛，我的观点不一样。老先生们一听我的意见准要大摇其头，我的诀窍就是：甭练。"

我脑子轰地一响：世上居然有这样的练字诀窍。看邓林，她一动不动，只把眼珠转过来瞥了一眼，仍然靠着硬木椅背，双手叠在肚前，保持着无锡泥娃娃的姿势，静听杨继续发挥。

"我这不是胡扯。你想，我们画画儿的，从早到晚都在用笔，笔法的变化，比写几字儿的横竖撇捺点弯钩多出何止千倍，还练个什么劲儿？老先生们每天四个钟头休息，仨钟头吃饭，俩钟头练字，一个钟头画画；我呢，连练字带休息的时间都去练画，不比他强多了？至于写字，只要把字距行距，排列疏密拿准了，也就差不离了。当然，要能讲究点间架结构更好，但那又是另一码事儿了。"

这杨先生可真能说，先立个题目：甭练，让你吃一惊；接着再说出一番道理。杨缓了口气，接着说道："一个人的画，要有自己的风格，写字也一样。不要成天抄魏碑、临晋帖，仿什么颜真卿、柳公权，把自己的审美观都改成了人家的。人家的好字，要读，读，读，读它好多遍，把精髓装在肚子里，变成自己的，写字的时候，把纸这么一铺，心里这么构图，楞下笔，甭手软，一气拿下来，准成。我就不觉得我写得寒碜。自个儿往下写，写出自己来。娘老子给的这点骨血，不易。在字里画里，就要表现出你自己这点原始的东西，谁的体也不是，就是我的字。"说到这里，他略一停顿，拿眼看着邓林说："所以我说你的字，松不要紧，你自顾自地写下去就行。"

杨年近不惑，已崭露头角，在艺术天地里打下了一角地盘。他对眼下美术界某些人依葫芦画瓢地师承传统的态度，可说是深恶痛绝。我以为这也是他强烈进取精神的一种表现。我想起白石老人的话：学我者生，似我者死。杨的说法似乎也合于此理。

其后不久，《人民日报》发表了"青年画家杨延文获得

法国艺术沙龙金奖"的消息，这是我国画家第一次获得此项殊荣。想起杨在九寨沟的一席谈话，可见他确是敢于独辟蹊径，且善于表现自己的艺术创意，获奖当在意中。但杨延文给九寨沟画的"长海烟云图"，我们装裱了挂在接待处，却很少好评。后来同样从《人民日报》的消息得知，人民美术出版社精印了一套《当代名家画选》，共十五本，吴冠中、黄永玉等十五位大家的作品分别成册，其中就有邓林的画集。可见朴实无华的邓林同样具有很高的艺术水平。

邓林一行是经勿角——平武回蓉的。下了黄土梁进入平武地界不久，就遇见几个当地的藏民拦车索要香烟。车上的人给了几包。他们又说公路上的横沟是他们填平的，要给钱。车上的人只好又给，这才放行。殊不知，送行的"公安"已把这情况拍了照片，到了绵阳就交给了地委。当晚，平武一位叫牛娃的藏族副县长带人赶到王坝处，很快找到索要钱物的几个"歪人"。牛娃县长问明情由，就动起"家法"来。一顿痛打之后，再来责其违法行为和"丢我白马藏人的脸"的过失。王坝处拦路强索钱物的事，由来已久，对九寨沟声誉影响很大。南坪县府和公安部门已经多次交涉，县委书记泽仁珠也曾去平武当面与县委书记和牛娃商议，可是效果都不大。这次终于"碰上了真钢"，作了处理。从那时起果真清静了半年有余。南坪的同志说，这是托了邓林的福。

临离开南坪的晚上，庄老给我写了一幅字，四尺横幅，"水呈碧玉绿，山作少女红——录红年诗句书赠邓一同志"。邓林回北京后，寄给我一幅墨梅斗方，也是我在九寨沟仅有的几件纪念品之一，所以特别珍爱。

第一个春节

1982 年在匆忙中度过。筹建组工作逐渐展开，到年底，与保护区管理所相处也更协调。我们从 124 林场招待所搬到邻近的诺日朗的毡棚里，虽然仍是四面漏风，但总算有了稍稍固定的住处和工作用房。

诺日朗海拔 2400 米，隆冬时节，滴水成冰。此时早已没有游人和领导来此，主要任务是护林防火。家属在外地的职工都回家探亲了，剩下的十几个大多是单身小青年。我和丹杰商量，这是我们到九寨沟的第一个春节，干脆把我们的家人都请上来过年。于是，丹杰负责筹办食品，我找来旧报纸堵塞破损的窗户、四壁和天棚上大大小小的缝隙。年三十下午，我的夫人志琼、正念高中的小女儿邓桦，丹杰的夫人黛美和两个孩子一起来了。才放下行李，就都去厨房帮助炊事员陈力做年夜饭。简单的菜肴刚端上桌子，已经被刺骨的寒风吹得冰冷，大家匆匆地祝酒用餐。在摇曳的烛光中结束"团年"后，我和丹杰持手电筒踏着盈尺的积雪到一公里外的海子去打水，准备明天早餐之用。

山风呼啸着刮破了纸糊窗户，堵塞板缝的纸团也纷纷跌

上：1983年大年初一，泽仁珠（右四）驱车来九寨沟看望正处于困窘中的职工，留下了这幅珍贵的照片，右三是唐丹杰，左三是作者。

下：筹建组的宿舍，1983年的春节就在这里度过，我和唐丹杰在这里住了整整一冬。作者摄于1982年。

落，屋里屋外都是肆虐的狂风。大人还能咬牙硬挺，邓桦忍不住蜷缩在被子里哆嗦。风声里，可以隐约听到隔壁丹杰的小女儿珂儿的饮泣。熬到天明，我赶紧起来生火。壶里昨夜从海子里打来的水，已经结成整块儿冰坨，壶底被胀成了老高的圆弧形的凸起。回头看志琼和孩子，唇下、眉梢以及被头都结了厚厚的白霜。

两家人正就着热水合面给职工包汤圆，陈力兴高采烈唱着歌来帮忙。水烧开了，汤圆却冻结在盘子里，大家吃到的只是和糖的面糊。

晨曦刚照临大地，山沟里就传来了沉闷的马达声。我们寻声到诺日朗瀑布前，看见县里那辆惟一的老吉普深陷在积雪里，县委书记泽仁珠正拿锹铲雪。我们招来所有的小伙儿推车，把车推到驻地时，大家已满身泥浆，鞋裤湿透。驾驶员李群林悄悄告诉我，泽仁珠的夫人和两个小孩都重病住院，他丢下不顾，县里的新年团拜也不参加，非得上九寨沟看望大家。此情此景，让好些远离亲人留守九寨沟的小青年悄然落泪，我至今想起仍感慨不已。

总规中的争议

1983 年，钱总又带领省有关部门和省设计院第二室的专家，来九寨沟进行总体规划，我也被列为规划组成员。当时我对九寨沟的发展已经有了一个初步设想，其中"保护第一"的观点大家自然都很赞同。我提议不但在总规文本中要体现保护第一的观点，还应该有一个专门的保护规划，作为总规的第一个附件。省规划院的一位专家说没有这样的先例，不用单作保护规划。我争之再三，钱总终于同意。我写出的保护规划特别强调预防山火、治理泥石流，作为保护九寨沟风景核心要素的水体的基础。虽然在上报的总规文本中这个附件被规划院删去，但作为九寨沟初期建设的重点，保护工作确是得到了较好的实施。

关于九寨沟风景名胜区的总体特色也有争议。省规划院的专家认为我们提出的"童话世界"不当，应该是"神话世界"或"梦幻世界"。我坚持九寨沟是以海子、森林、雪山为特色的景观，自然、原始、纯朴又极富浪漫情趣，且这里从没有仙居道观之类，既没有现代的"人间烟火"味，也毫无汉族传统文化中的神仙气息，实在是最美丽、最纯洁的天人合一的境界，只有"童话世界"能较好地概括这一特点。何况在一般人心目中，"神话"与"仙话"很容易混淆，稍一不慎，就会滑入"鬼话"的泥潭。几经争辩，确定以"童话世界"冠于"九寨沟"之前。

对规划院一再提出的将九寨沟内农民悉数迁出的意见，我持坚决否定的态度。我的意见是：九寨沟620平方公里（后来将沟口地区划入，共为720平方公里），人口不足800，千百年来就是靠当地农民悉心保护，才有了现在的风景。九寨沟森林遭到大规模砍伐是政府行为所致，当地农民有功无过。他们世世代代与九寨沟山水相依为命，感情至深，今后的保护工作与其全部雇请外地人员，不如仍旧依靠当地农民；更何况九寨沟的民居、民俗也是九寨沟风景有机的组成部分。

风景资源调查途中。

风景和保护事业的发展也应使当地居民逐步致富，以彻底消除"越保护越穷"的痼疾。为此，有时争论得面红耳赤，好在有钱总妥为协调，最后否定了农民外迁的意见，但在处理当地农民生计和加强保护工作的矛盾方面，以后出现了许多棘手问题。而农民是否悉数外迁的问题，省里有同志一直没有放弃。在上个世纪 90 年代中期我已调离九寨沟后，看见中央电视台播出时任九寨沟管理局长的泽仁珠的讲话，说按建设部要求，将在两年内把九寨沟农民全部迁出。但后来终于没有实施。对我当时一再坚持的意见，我至今不知是对是错。

我被否定的两条较为重要的意见，一是保存则查洼沟被严重砍伐后的一片狼藉，让其与其他植被茂密水面丰满的景点对照，作为"反面教材"的样板，以唤起人们对珍惜自然保护自然的关切；二是在日则原 126 林场旧址建立以圈养大熊猫为中心的生态平衡科教馆，作为九寨沟风景名胜区文化内涵的主要展示点。至今回想，第一个意见有失偏颇，第二个意见似乎仍有可取之处。当然这是后话，且略过不提。

"六字诀"

　　为确保风景区原始自然的风貌，总规组提出不得在沟内兴建任何住宿设施。我考虑到九寨沟的游览线路长达54公里（现在达到150公里），一个来回就是一百多公里，游客至少需在沟内住宿两夜，应该修建适量的宾馆。为避免污染，我几次建议在接近沟口的宝镜崖下约三百亩的河滩建立接待基地，并可沿扎如河谷向东延伸；把食品加工、洗涤等项作业统统放在沟外进行，基地的污水经过初步处理用管道送至沟外净化。这个意见遭到规划组的坚决反对，我虽为以后游客不能欣赏到沟内晨昏的特殊美景暗自惋惜，但也只好作罢。

　　通过多次争论，我的设想遭到否定，但听了总规组专家们的意见，我深受教育，对严格保护九寨沟环境的重要性有了更深一层的认识，这对我后来的工作大有好处。

　　当年冬天，国家旅游局的同志陪同一位国际知名的瑞典旅游商来九寨沟考察。这位巨贾叫做林德布累德，在一百多个国家和地区设有分支机构。他虽然年事已高，但精神健旺。在看了附近的景点后，他提出要去17公里外的长海。我们没有汽车，漫长的山路崎岖难行。那天清晨下起了鹅毛大雪，

我们劝他就在近处考察，他坚持步行上山，我们只好陪同前往。

老人兴致很高，连草帽也不戴就冒雪出发，满头银发与白雪相映生辉。行至海拔 3000 米附近，他气喘吁吁，却不肯坐下休息，稍一驻足，又蹒跚前行。陪同的一位年轻同事悄悄对我说：这位外宾的敬业精神虽好，但名字没取好。他叫林德布累德，这样的大雪他不怕，走路却不行，应该叫"淋得累不得"。我正要批评他时，忽听老人一声大叫，我抬头看，只见一只小獐子从侧面衰草丛里窜出来，直奔老人的胯下，在老人裤腿上蹭痒。老人弯腰去抚摸它时，它立即跳开，绕着老人转了个圈儿才跑进丛林。老人一面喘气一面兴高采烈地挥舞双手，大声欢呼。

考察结束后，老人提出由他负责把九寨沟推向国际旅游市场，条件是他出资 200 万美元，按照他的要求建设沟内的旅游设施，由他独家经营三年。

那时候，九寨沟筹建组还不是正式机构，我这个组长仍在县委领取工资，九寨沟没有分文费用。200万美元简直是个天文数字，就像"天上掉下个大馅饼"。我无意与他争钱论价，只提出所有设施必须按照总规要求建在沟外。为此谈了整整一夜。国家旅游局的同事也一再批评我的"狭隘"，力主同意老人的意见；我怕按旅游商意见建起的设施会影响今后的长期发展，坚持要他们先拿出规划，经有关部门批准后再谈。就这样，九寨沟第一笔巨大的投资协议最终没有谈成。旅游局同事扼腕叹息，我也为此好几天食不甘味，睡不入眠。

回县里向泽仁珠汇报后，我等着一通狠批。哪知他听了后，沉思片刻，微微一笑，说："你说的也有道理，就这样办吧。"

那以后不久，中央一个重要部门要在沟内建立工作点，附带修建少量接待该系统人员的相应设施。他们的要求本来不难满足。但此前已有省政府的一些部门向九寨沟要地，并答应出资出力帮助九寨沟建立旅游、交通、通讯等设施，都被我们拒绝了。如果给这个中央部门的口子一开，其他部门也必得依样办理，沟内建设就会形成难以控制的局面，因而我们没有答应。他们委托阿坝州一位局长，正是我当年平息康巴叛乱时一起出生入死的战友，由县委书记泽仁珠陪同来九寨沟商洽。这位局长可谓重任在肩，志在必得。在办公室的商谈没有结果，在进餐时我再次向他说明九寨沟的处境，婉言拒绝，使他非常生气，放下酒杯，拂袖而起。我虽万分歉然，但实在无法答应他的要求。好在泽仁珠能理解我，轻轻拍拍我的肩头，没作批评，就追上去陪同局长上车扬尘而去。

"沟内游沟外住"从此成了九寨沟建设的"六字诀"原则，不但创建初期如此，更可贵的是20年来六任领导班子顶着重重压力一以贯之，这才保护了九寨沟的天然美景。

两块牌子都要

这期间，林业部的一位资深的常务副部长来九寨沟视察。县里没有领导陪同，由九寨沟筹建组接待。这位领导人对我国林业的发展卓有贡献。视察时，他对九寨沟的动植物资源和自然景观作了很高评价，但也多次提出九寨沟"就叫做保护区就行了"这样让我万分为难的问题。他们离开九寨沟前，我们座谈到深夜，主要内容就是"取消风景名胜区这块牌子，只保留自然保护区的牌子"。他明确提出：取消风景两个字，他给两百万，"一个字一百万，怎么样？"我虽职卑言微，但同样明确答复不能取掉。争论不下，随同前来的一位宣传司长把我叫出去单独谈话，仍无效果，最终大家不欢而散。我得罪了这位我一向敬佩的领导，心里也很不好受。

他回到成都不久，通知泽仁珠和我到他下榻的锦江宾馆西楼见他。赶到他的套房，进门看见宽敞的客厅里已经有省林业厅的许多领导同志在座，但谁也没理睬我们，令我们站在当中着实尴尬。泽仁珠很快镇静下来，到门边仅有的一张椅上坐下，我只好过去靠他站着。过了好一会儿，这位领导才开口，狠狠批评了九寨沟的保护工作，却没有了下文。沉

杨汝岱书记（右二）在九寨沟视察。右一为阿坝州委书记阿登。后排中间站者为作者。

默有顷，泽仁珠问道："部长如果没有其他的指示，我们就告退了。"说完就拉了我出来，此时我已经汗湿衣衫。泽仁珠说，部长虽没提风景名胜区这块牌子的事，但他并没有放弃这个想法，但愿省里领导能支持我们的意见才好。无论结果如何，恐怕今后我们在林业和保护方面的日子都不好过了。我联想到年前省林业厅生产处处长到南坪县，县委农林部部长带领我们向他"请愿"，要求将原来的"以现有活立木积蓄量定采伐量"的原则，改为"以树木生长量为基础决定采伐量"，从而减少采伐，加大营林造林的投入。那次会议也是争论激烈，无果而终。想到这里，我心里也深为怅然。

　　果然，从那以后，省林业厅削减了给保护区管理所的拨款。我几次去林业厅保护处汇报工作，也想能改善九寨沟与上级的关系，但收效甚微。保护处处长对四川保护大熊猫居功甚伟，但他对九寨沟工作很少正面表态，批评中也常带有感情成分。一次他说联合国环境署的兰茜小姐到九寨沟，看见保护工作太差，竟然难过得哭了一夜；另一次说一位美国的保护专家在九寨沟山上被偷猎熊猫的钢绳套住，吊在大树上，差点丢了性命，造成很恶劣的国际影响。这些都不是事实。

自我到九寨沟工作，就没接待过兰茜小姐；那位美国专家则是在另一个保护区被吊到树上去的。这些实情处长其实比我更清楚。我能理解站在他的角度看问题的心情，但他的批评实在是冤哉枉也，而我也没有作毫无意义的申辩。

非常幸运的是那以后不久，省委书记杨汝岱来九寨沟视察，其间他多次问起我们对是否保留"风景区"牌子的意见。陪同前来的阿坝州委书记阿登同志此前曾多次来九寨沟调查研究，对九寨沟的情况了若指掌。这次他也向汝岱书记详细地陈诉了保留风景区的牌子的意见，说明无论对九寨沟自身的发展和地方经济的促进，都是十分必要的。临离开时，杨书记拉着我的手语重心长地说，我同意你们的意见，那就风景区、保护区两块牌子都要，一套班子管理建设。你们一定要把九寨沟保护好，建设好。

杨书记经过慎重调查研究，终于一锤定音。他的这一决策，使得九寨沟能很快列入省政府风景和旅游建设的重点项目，为九寨沟后来的顺利发展奠定了良好的基础。

"两个关系"

1983 年春末，省政府办公厅龚湘北先生来九寨沟做管理体制问题的调研。

当时全国风景区管理机构大都属草创阶段，即使已传承千年的老牌风景区，管理机构在"文革"中也都遭到严重破坏，现正恢复重建，也在探索能够适应改革开放形势的管理模式。据我当时的了解，大体有这样几种情况："省管山"，即由省政府某厅局直接管理风景区和保护区。自然保护区的建立早于国家级风景区，不少保护区由省林业厅直管，九寨沟保护区就是如此。这种管理模式的好处是保护措施能较好地贯彻，但与地方经济的发展脱节，也不能很好地发挥地方政府的作用。"山管县"，由风景区管理局管理所在地的县政府。看起来似乎既加强了风景区的管理，又便于协调"山"和地方政府的关系，但实际上风景区管理机构的主要精力不得不放在政府职能方面，陷于全县经济发展和日常行政事务中，反而不能专心致志谋求风景区的发展；著名的黄山风景区大大提高了风景区管理部门的级别，实行"山管县"情况就是如此。"地（市）管山"，如峨嵋山直属乐山地区管理，风景区要花

费大量精力与所在的峨嵋县政府各部门协调，工作十分吃力。南坪县委和政府的设想是"县管山"，由县政府设置九寨沟风景区和保护区管理机构，更便于开展工作。关于归属的意见确定之后，最重要的问题是明确管理机构的工作方针和如何处理好开发与保护的关系，风景区、保护区与当地群众利益的关系。实际上，这两对矛盾是所有风景区、保护区都面临的重大问题。

龚先生是北大高才生，年轻英俊，善于听取各方面意见，说话不多，但言必中的。我们对九寨沟的管理体制有许多共同看法。他回成都后，我于6月10日写成《关于九寨沟建立综合管理体制的意见》一文，寄给他起草文件时参考。我在文末署了我们两人的名字，希望他能推荐到较大的刊物上发表，以扩大意见的影响。直到七月，才得到他的电话，说

春雪中的栈桥，蜿蜒如银色蛟龙，我有打油诗一首配之。
　　银桥卧碧海，
　　水波静无哗，
　　应知山寨里，
　　家家熬老茶。
作者摄于1983年初春。

已经看了我的文章，有的意见已经纳入他起草的省政府《关于加强九寨沟风景名胜区管理工作的决定》文稿中；并在电话上将《决定》初稿全文读给我听，征询我的意见。这份文件写得很好，对九寨沟的体制和管理模式以及工作中须遵循的原则，都作了精辟的阐述，我衷心赞同。不久该稿就以省政府（1983）176号文件正式下发，成为九寨沟长期建设发展的指导方针，也是九寨沟这些年来得以健康发展的保证。我私下深感欣慰的是，我的文章中所提出的九寨沟管理工作的原则"保护是利用的前提，利用是保护的继续；作好保护以永续利用，以利用促进更好地保护"，在省府文件中只把"继续"二字改为"目的"，整句应用，作为九寨沟建设管理的重要原则。这个改动比我的原文表述得更为准确。

我在九寨沟工作期间，所写的文章大约有四五十篇吧，这篇文章我以为是其中最重要的一篇，它凝结了我这些年对九寨沟研究的主要心得和对九寨沟管理工作特别是对处理好保护和利用、开发和当地居民关系这两对矛盾方面的主要意见。当年九月参加贵阳"西南四省建设学会年会"，我曾将它作为参会论文发表。现在将之录下，以志存念。

关于九寨沟建立综合管理体制的意见

一、九寨沟现有保护机构不能适应当前的新形势

九寨沟在四川南坪县，因沟内有树正等九个藏族村寨而得名。主沟长50余公里，面积600平方公里，支沟纵横，林地占52%。有高山湖泊100多个，间以无数瀑布、浅滩，与雪山、森林形成独具特色的自然景观，还有大熊猫、金丝猴、苏门羚和星叶草、独叶草等珍稀动植物，被国务院1978年以国发（1978）256号文划为珍惜濒危野生动植物及其自然生态环境

熊猫海对岸的岩石，纹理粗旷而有序，色彩分明，倒影绝佳，是九寨沟海子边最漂亮的岩石景观。现在被以钢管、铁丝网作的栈道覆盖，不能称之为明智之举。

为主的森林和野生动植物类型自然保护区。

1981 年省建委风景鉴定组认为：九寨沟风景质量优异，景观多而集中，主要风景点均已通公路，给水条件优良，加以海拔不高，气候适宜，所需开发投资不多而游人容量巨大，具有极高的利用价值。国务院 1982 年底以国发（1982）132 号文定为国家风景名胜区。

九寨沟现仅有林业部门所属的"保护区管理所"，职工 12 人，专司保护之职。但近年来，已有美、法、日等七国外宾和大量港澳同胞来游；去年夏秋间虽因公路塌方，使成都至南坪的交通多次中断，而国内游客仍达 17000 人次。现《九寨秀色》、《四川奇趣录》、《话说长江》等十几部电影、电视片已在国内外广泛上映，九寨沟名声大噪，游人猛增，今春虽为淡季，保护所内已经人满为患，住、吃、行均很困难。预计今年游人将达 4 万至 5 万，远远超过保护所的接待能力。上级单位对九寨沟的正式开放迄今未认可而开放已成实事。保护区管理所将主要精力用于接待，仍远不能适应这一形势，保护业务也受到严重影响，县委、政府及有关部门也穷于应付。

沟内树正、荷叶、扎如等三个大队的五个核算单位，有社员 860 人，原是南坪县较富裕的地区，划为保护区前的 1978 年，人均分配水平高于全县平均水平 21%。其后，停止了沟内伐木、木材加工和石灰、木炭等项生产，部分土地停耕还林，至 1982 年，社员收入已低于全县平均水平 4.3%，群众意见很大。

如上所述，要搞好九寨沟的风景建设，开放旅游，首先必须解决机构设置问题。根据九寨沟的具体情况，建议建立一个综合管理体制，统一管理沟内行政、企业、事业，承担起保护、旅游和当地群众经济协调发

展等三重任务。

二、开放利用九寨沟风景资源必须处理好两个关系

为尽快开发九寨沟的风景资源，并保永续利用，必须处理好两个关系，即风景资源的保护和利用的关系，国家利益与当地少数民族群众利益的关系。

九寨沟纯为自然景观，海子、瀑布、熊猫、珍稀植物等，均依赖森林而生存。如果九寨沟的森林在我们这一代人的手中遭到破坏，使这世所罕见的风景资源毁于一旦，那将是对中华民族犯下的不可饶恕的罪过。保护工作是第一位的，对这一点，应有明确的认识，丝毫不能含糊。

但九寨沟风景的开放利用又势在必行，因为这能为国家建设积累资金；能满足人民文化生活的迫切需要；能促进区内经济和文化发展，增强民族团结。

对待这个问题，有两种看法应该澄清。

一种是只讲保护，不谈利用，以为只要在沟口筑起长墙高垒，拒游人于沟外就万事大吉。这种观点不但早已被实事证明为不可能，且由于单纯的保护限制了沟内多种经营生产的发展，严重挫伤了群众的积极性，恰是很不利于保护的；更何况这种封闭式的保护无助于"四化"资金的积累和精神文明的建设。因而，这是一种消极的观点。

另一种看法是只强调利用，想把区内风景最好的部分单独划开，辟为风景区，而将90%的原始森林、箭竹林等山场推给林业部门去保护。持这种看法的人，对森林—海子—水草—鱼类—野鸭以及森林—鸟、兽这一生物链互相依存的关系认识不足，忽视了风景保护的极端重要性，这是不符合自然规律的。同时，把利用与保护割裂开来，使之不能互相制约、相互促进，既有违于经济规律，在实践上也是行不通的，因而也是片面的。

我们以为两者的辩证关系是：保护是利用的前提，利用是保护的继续；做好保护以永续利用，以利用促进更好地保护。

处理好国家利益与当地群众利益，是做好风景区开放的又一个重大问题。对此，有人只强调限制群众的活动，甚至有将全部社员迁往他处的说法，引起了区内藏族群众的强烈反感；也有人只讲国家给钱，甚或"把这千把人口包起来"的说法，不讲发展生产，助长了依赖思想。很显然，这都是错误的。我们认为，

藏寨磨坊的原始风貌。

为了确保自然景观更臻完美，区内采取严禁伐木、烧炭、狩猎、捕鱼以及部分土地停耕还林等保护措施，是完全必要的，也是符合当地人民的根本利益的。但也应看到，这与区内部分群众的当前利益是有矛盾的，在划为保护区以来的四年中，区内群众收入已在较大幅度地连续下降。这就充分证明，只有把国家利益同当地群众利益紧密地结合起来，以保护和旅游，促进当地两个文明的建设，才能使三者共同协调发展。

当地藏族人民祖居于此，全赖他们世世代代精心保护，九寨沟风物才得以保存。今后的保护工作，无疑也只有依靠他们。他们也是旅游建设的基本队伍，不仅劳动量大、技术要求不高的劳务，如植树、养路要靠他们完成，而且要大力扶持他们发展蔬菜、蛋禽、肉食等项商品生产，以满足旅游发展的需要，并且应让他们直接参加旅游服务工作，从而促进当地经济和文教卫生事业的发展，培养出一代新人，成为加强民族团结的牢固纽带和加速提高民族文化水平、改善卫生状况的强大的内在力量。藏族村寨建设好了，又将成为新的人文景观，使旅游的内容更加丰富多彩。只有这样，才能使当地群众从切身利益上更加关心风景区的建设，更自觉地做好保护工作。

三、建立能承担保护、旅游和发展当地经济三重任务的综合管理制度

九寨沟风景资源的开发利用涉及面广，需要处理好保护与利用、国家利益与群众利益、当前利益与长远利益、风景区与上级有关部门及县有关部门的关系，其工作量和工作难度都是很大的。区内行政工作包括：行政事务的管理、外事、保卫、交通建设、协调保护、旅游与当地群众关系；指导区内群众发展生产；统一管理各部门在区内的机构和人员等。事业方面，包括

风景资源的保护研究、群众文教卫生事业和邮电事业的发展、对当地青年的职业培训等。企业方面，主要是旅游服务，包括各部门在区内开设的服务企业及区内群众开办的服务项目的管理等。

如上所述，任何一个业务部门，比如林业或旅游部门，都是不能胜任这一繁重任务的。我们认为，应建立行政、事业、企业三位一体的综合管理机构，在县人民政府直接领导下，统一管理区内各项工作，一套班子几块牌子，承担上级各部门下达的任务。这个机构应有行政干部、保护和旅游业务人员、风景区所在公社的干部参加。下设外事、保护、旅游、生产等分支机构。名称可定为"南坪县九寨沟管理局"。

四、建立利于提高经济效益、便于"滚雪球"式发展九寨沟经济的经济体制

1. 九寨沟的旅游服务行业必须按企业管理，落实

九寨沟奇观——隆冬时节，往日磅礴而下的瀑流被严寒冻结成冰瀑。

相应的经济承包责任制，走提高经济效益的路子。

2. 国营、集体和个体（主要是当地群众）多层次经济并存，实行招聘合同制的劳动制度，坚决打破"铁饭碗"。劳动力主要应从当地藏族群众和南坪地区吸收，加强职业培训，提高服务质量。

3. 大力扶持区内专业户发展商品生产，通过技术、资金、种源、销售等方面的帮助，给群众以实惠。

4. 在统一规划、统一领导的原则下，合理利用上级拨款，并动员县有关部门向区内投资设点，既解决区内资金严重不足的困难，又有利促进全县经济的发展。对区内各企业实行轻利税的保护政策，即除按规定缴纳工商税外，利润部分采取以下办法分配：向保护区缴纳保护费和管理费，用于风景建设（绿化、交通建设等）和扶持当地群众发展生产和文教、卫生事业；利润主要部分作为本企业积累，扩大在区内的再生产，采取"滚雪球"的办法，加快区内旅游服务的基本建设；向投资企业适量缴纳红利。国家当前不宜向九寨沟取利太多，待九寨沟风景区形成一定经济能力后，再逐渐增加国家所得部分。

5. 对行政和事业人员，必须建立严格的岗位责任制，明确任务，联系报酬，赏罚分明。

以上意见，供决定九寨沟风景区管理体制时参考。

南坪县委办公室　邓　一

1983 年 6 月 10 日

"画不如风景"

1983 年的秋季持续得特别长。一般年份，10 月上中旬甚或 9 月末，九寨沟就会降霜。清晨起来，就能见到草地、树梢都盖上了一层晶莹剔透的粉末，所有的阔叶树都像突然接到自然之王的严令，树叶齐刷刷地飘落下来，剩下光秃秃的枝杆硬生生地直指蓝天。九寨沟引以自豪的彩林，一夜之间大为减色。惟有这年，已到 10 月下旬，霜雪不至，黄栌反倒红得更艳，椴树黄得格外明亮，映得个个海子姹紫嫣红，引人欲醉。就在这年秋天，我们迎来了北京来的杨老、华老和姚老三位尊敬的长辈。

他们一行是 10 月 21 日下午到达九寨沟的，先在诺日朗接待室稍作停留，就踏上了九寨沟之旅。

从进入九寨沟口到诺日朗的沿途，火花海、树正群海的风景已经引得他们赞不绝口，几次问起："这里就是九寨沟最好的景点吗？"我总是答道："九寨沟哪里最美我也说不清楚。前几年省风景资源调查组来时，提出了七个'最'，争论到最后也没得出结论。"他们也就总是说："好嘛，那就看看再说吧。"

第二天清晨,在镜海东头驻足赏景。山风未起,水平无纹,镜海真如一面经过精心研磨的硕大镜面。西山被朝日映得红彤彤的山影,海子四周绚烂的彩林,连同蓝天上的霞光一齐映入水中,简直就是一幅胜过列宾和梵高的巨型油画。一群野鸭款款飞来,俯冲到水面,激起层层涟漪,把多彩的倒影揉成一团。不一会儿,水面复归平静,倒影像被山神的咒语突然定格,变得更加清晰,观景的人身不由己地神游巨画之中。

三位老人都沉浸在这美景里,我也被眼前的奇景震撼,不再唠叨介绍,站在一边悄然不语。

有顷,还是杨老打破了沉默:"老华昨天说火花海是九寨沟的明珠,老姚说树正群海是九寨沟的顶级景观。我看啦,九寨沟风景,当以镜海为最。"

华老感叹道:"真是风景如画呀。"

姚老接了一句:"看了这里,倒觉得是画如风景。"

杨老微微一笑,截金断玉地说:"要我说呀,应该是画不如风景。"

无意间的一席对话,可以说是对九寨沟风景最具权威的定评。我写到这里,当时诸人的身形语音仍在目在耳,清晰得似乎伸手可触。

在诺日朗午餐后,我送杨老到寝室小憩,回来路过华老的房间,被他叫去。他详细地询问了九寨沟当前工作情况和主要困难。当我汇报到体制问题和尚未完全停止采伐时,他说,今晚有个座谈,到时你不妨大胆地把问题都端出来。

其实两天来,作为导游,我与他们可说寸步不离,沿途也零零星星地谈到了一些工作情况,但主要顾了介绍风景,来不及作稍微系统的交流。座谈会当然是个绝好的机会,但有那么多的领导在,轮不到我说话的份儿;即使说了,又能起多大作用呢?从华老寝室出来,我就近走进省旅游局王祖

镜海犹如一面经过精心研磨的硕大镜面，山影、彩林，连同蓝天一齐映入水中，真的是"画不如风景"。

鸿先生的寝室。他参加过九寨沟资源调查和总规，多次陪同省里领导来检查工作，不但熟悉情况，也与我成了好友。听了我的一番苦衷，他开朗地一笑："哪有那么多顾虑。如果给你发言机会，你就如实讲。即使说得有什么不当之处，他们作为长辈也不会和你计较的。更何况你是为了工作，实话实说有何不可。"接下来我们粗略地商量了汇报的内容，来不及找泽仁珠书记请示，就匆匆上车陪同游览去了。

晚上的座谈会在他们住地的一个小房间举行。除了三位老人外，还有省委、省政府以及州县的负责同志，把个小小的会议室挤得满满当当，我被安排在最靠里的角落。谁知会议刚开始，杨老就点名叫我发言。我深知这不比白天介绍景点，说话须得慎之又慎，紧张得心里直"打鼓"。但随即想到这也许是解决九寨沟难题的绝佳机会，稍纵即逝，不能再有半点犹疑，于是不管不顾地挺直了腰，大声说道："各位领导，我早就想向你们告状了。可是这个座谈会只有十分钟，我的话说不完。"话音未落，满屋响起了笑声。这时，坐在我旁边的州委副书记把我的衣角拉了几下。我当时不知哪条神经"短路"，居然说："你看，我话还没说，领导就在拉我

的衣服了。"又引起一阵哄笑。杨老说:"那你就坐到我这里来,慢慢说。"我真的就把椅子拖到他的茶几对面,这才把九寨沟工作的概况和主要困难倾吐了出来。

我说了近一个小时,几位老人没打断我的话,也没表现出困倦和厌烦。等我说完,杨老谈了半个小时。他对风景区和保护区两块牌子一套班子的问题作了肯定;强调了停止采伐加强护林,林场人员要尽快撤出;应当加强景区建设、交通建设、旅游基础设施建设,增加当地村民收入,提高旅游质量等。谈到经费问题时,他说:"要钱我没有,你找他们。"他指着有关方面和省里的领导同志说:"要话我倒有一句:桂林山水甲天下,九寨风光胜桂林。"他的话激起了热烈的掌声。

则查洼沟里的长海,长达十五里。蓝天、白云、银峰、绿林,都被海水映得发蓝,越发显得晶莹透明。

散会后，我送杨老回房休息。他随口问道："你今年多大了？"我回答后，他接着说道："这两天听了你的介绍，看来你很热爱九寨沟，那我们就约定，你就在九寨沟工作到退休，哪里都不要去，和大家一起把九寨沟好好建设起来。就这样说定了，怎么样？"我即刻满口答应。

往事如烟，我今已年近古稀；杨老更是仙逝已久，惟有他对一个基层人员语多出格的汇报能够宽容听取，对处于困窘中的九寨沟给予深切爱护和大力支持，我始终存着深深的感激之情。对我那时的冒失，也仍深感惭愧。

但我并没有如我答应他的那样一直留在九寨沟工作，在他走后第三年，我因病和其他原因回到我子女工作的故乡重庆。我对于自己的负约，总感到内疚。唉，这都是无用的旧话，扔下不提也罢。

看长海是临时增加的项目。长海海拔 3100 米，17 公里山路狭窄崎岖，所以事先没做游览安排。中午三位老人小憩，省长趁空赶去一睹。匆匆赶回来时，我们正要上车。见省长兴高采烈地和几位省里来的同志在说"悄悄话"，杨老问起，知道长海风景绝佳，立即命车队开往长海。

车过五彩池边，大家下车观看。五彩池本是九寨沟最负盛名的海子，由于周边森林遭到过度砍伐，水源锐减，水面缩小，水色清浅。饶是如此，仍引得大家兴致勃勃地赞赏。惟有杨老不注意海子，偏留意四周被砍伐一空的山坡。问起原来的植被情况时，我如实答道："这里原是九寨沟森林最茂密之处，林下还有第四纪冰川期遗存的星叶草、独叶草，据林业部门的专家讲，在全世界只有这里才有这两种植物。森林被伐后，再见不到它们的踪迹了。"听到这里，他的眉头皱得更紧，把省林业厅的一位负责同志叫到面前，只说了一句："你们把这里的树都砍光了，风景就变好了。"说罢转身上车，直到长海的路上，没再说话。

到了长海，杨老从车窗向四周浏览，见到的依旧是和五彩池附近一样光秃秃的伐后迹地，回头对车里的人说："你们下去看看吧，我不下车了。"我当然只得留下陪他，那份儿尴尬让我急得不知如何是好。搜尽枯肠，陡然想起庞旁老人曾经说过长海有黑龙，搅得九寨沟昏天黑地的传说。我便就着这黑龙，现编了个"九寨沟的神话故事"："杨老，长海是九寨沟最大的海子，有近七公里长，深逾百米。当地藏民传说，海子里原来有条巨大的黑龙，动辄兴风作浪，祸害百姓。有一次把一个来进香的女孩抓到海子里，要当成一顿美餐，激怒了同来进香的一位名叫格波的老人。老人拔剑跃下海子，与黑龙展开了殊死搏斗。格波重创黑龙，救出女孩，但他也被黑龙咬断了左臂。为了不让黑龙再作乱，他就立在海子北岸，日久年深，化成一株参天巨柏，成了长海的守护神。您看，海子边那株孤零零的大树，就是格波老人的化身。我陪您去看看这棵老人柏吧。"

这棵大树正因为是柏树而不是云杉，不是伐木场采伐计划内的树种，才幸运地躲过了刀斧之劫。但它左边的分枝在采伐近处云杉时，已被砍去，只有右枝长长地伸向海子，恰如一位独臂擎天的巨人。杨老慢慢下车，走到离大树三四十米处，我请他停下，以海子和巨柏为背景，为他照了几张相。杨老仍微皱着眉头，照完相就回到车里。我暗自揣度，他大约是看到森林被过度砍伐，冲淡了赏景的兴致吧。

回来的路上，我把相机里已用完的胶卷取下，装上剩下的最后一个彩色胶卷。

过了五花海和已经干涸的季节海，刚下到谷底小河边，突然从后面的车里传来高声欢呼："快看快看，河边有只大熊猫！"司机紧急刹车。果然，就在左前方大约20米处，一只大熊猫正俯身在河沟饮水。大家赶紧下车，站在公路边指指点点，欢笑淹过了喧闹的水声。大熊猫对近处的人群毫不理会，自顾自地继续畅饮。

我拍了"熊猫饮水图",回过头来想给杨老和熊猫照张"合影"。可大家都是面向熊猫,他的身边也挤满了人,无法找到合适的角度。我顾不上构图用光之类的基本要求,忙忙慌慌地猛按快门。大约过了三四分钟,大熊猫才抬头看看人群,慢腾腾地掉头爬上对面河岸,一摇一摆地踱进丛林。

据调查,九寨沟方圆六百多平方公里,大熊猫只有二十多只。加之熊猫性喜安静,多藏于密林竹丛中,就是当地村民也极难见到它的"尊容"。我从上个世纪50年代第一次到九寨沟,70年代更是常来这里机耕,以后又参加了风景资源调查、负责筹建机构和多次接待工作,也只有在寻山和处理保护工作时,见过三次,其中两次见到的还是为争夺配偶摔下山崖的死熊猫。至于游客,从开放旅游到20多年后我写这些文字时,再没有一个人有此幸运。这次杨老一行竟然与大熊猫不期而遇,真是巧之又巧。

回到驻地,大家余兴尤浓,好多人围着省委办公厅蔡主任,听他讲是怎样第一个看见大熊猫的。见到我,大家把我拉进人群,问我从哪里找来熊猫,又如何安排得这样恰当。我一再声明这纯属巧合,我没有也无法做出这样的安排。然而不巧的是,胶卷冲洗出来,才发现我在车上安装的"最后一个彩卷",就是拍摄熊猫的那卷,原来是个反转片;反转片的曝光指数远比常用的负片低,我当时没注意那是反转片,结果曝光严重不足,只能勉强看出熊猫的轮廓,无法冲印,真是可惜了儿的。

第一张门票

1984 年的新年伊始，筹建组的工作渐入正轨。在繁忙中，迎来了第一批新招的 50 名职工。

筹建组现有人员中，只有三名老中专生，急需高素质的人才。而这次招收的，都是当地青年。县城来的初高中生大约各占一半，从九寨沟农民子女招来的，都只有小学水平。而从长远看，他们才是保护和建设的中坚力量，尽快提高职工素质成了当前工作的重中之重。于是在偏僻的日则沟办起了第一个培训班。

省建设厅和旅游局大力支持，派了两名理论水平高的处长和几位有丰富经验的管理人员来讲课。这里生活条件很差，老师们毫无怨言；但面对的是文化水准参差不齐、从未接触过旅游业甚至连家门都没迈出过的学员，他们感到很大的压力，授课难度之大可想而知。但老师们认真讲课，学员们专心学习，成效仍很显著。当时西南最"豪华"的成都锦江饭店的全国劳模王老师特别耐心细致，口讲手授之外，竭力提倡"从我做起"。她亲自督促做好寝室和环境清洁，帮助改进厕所和建立简陋的洗澡间，要求学员们着衣整洁，讲究卫

第一期训练班就在这偏僻的日则林场举办。如今这里是九寨沟惟一保存下来的林场建筑物。周围原是满目疮痍的伐后迹地，现已成为茂盛的密林。

生。在藏族聚居的穷乡僻壤，这简直是破天荒的革命。她的教育意外地立见成效：学员们一改肮脏邋遢的旧习，虽仍是旧时衣衫，大都变得干净整洁，男青年们个个显得精神抖擞，女孩儿变得光彩照人。特别是几个当地藏族女孩，不但在培训班里注重仪表，还回家要求父母改善卫生条件。有几位学员的父亲来培训班告状，说我们把孩子教育得"看不起老人"，"不认祖宗"，王老师都作了耐心解释。她下来对我们说，要把九寨沟建成第一流的旅游区，就要改善这里居民的卫生环境，就得让这些学员在家里"闹革命"，再逐渐推而广之。

有一天上午，我正在听王老师讲课，突然来了电话，我急忙跑到办公室接听。电话是在九寨沟口值班的丹杰打来的。只听他急促地大声嚷嚷："来了19个，来了19个……57块，

57块……"我不知发生了什么急事，好一阵才听明白，是来了19位游客。

九寨沟原来要凭省林业部门的介绍信才能进入，这无疑是在九寨沟口挂的一把无形的巨锁，阻碍了游人的进入。前不久，省政府批准了我们的请求，九寨沟按风景区实行门票制，每票3元。这天来的19位是以游人身份进入九寨沟的第一批客人；这"57元"，是九寨沟风景区的第一笔旅游收入。难怪丹杰激动得连话都说不清楚了。

我立即到教室请王老师暂停讲课，大声宣告了这个消息，所有学员和在座的老师全体起立，欢呼声和掌声几乎要把破旧漏雨的屋顶掀翻。

这微不足道的"19个"和"57元"，翻开了九寨沟的体制和旅游发展史上崭新的一页。

第一批九寨沟门票。上图为外宾门票。

这是曾被广泛刊登的"诺日朗标准像"。我把它用在了印制精美的外宾门票上。瀑布前被砍伐过的空地，现在绿树参天，瀑布在林中半隐半现，更加迷人，但也难以见到这样展露无遗的全景了。

精致的垃圾袋

　　1984年春，九寨沟风景名胜区管理局和九寨沟自然保护区管理处同时建立，两块牌子，一套人马。其实筹建组早已承担起管理机构的大部分职责，管理局的建立可谓水到渠成，连最简单的挂牌仪式之类的活动也没举行。我担任了管理局局长、保护处主任和党组织书记，稍后又兼任县外事办公室主任。

　　管理局设办公室、保护科、建设科和财务科。保护科有原来保护所人员和新调来的同志，人力较强；其他科室则人手不多。游人渐增，视察九寨沟的国家和省厅领导人、检查指导工作的上级各部门的办事人员以及各路记者络绎不绝；治理泥石流、九寨沟宾馆、彭丰直升机场等项工程也已全面铺开，工作更加繁忙。大约从"五一"起，每天刚见亮，我就得到诺日朗招待所恭候贵宾起床，安排当日游程，送别离开九寨沟的回程贵宾；上午检查各处接待准备工作，特别是卫生情况；挤出时间到保护、建设现场。下午在沟口迎接新到的宾客。一顿晚餐常常要到诺日朗和沟口管理局几处敬酒，然后到客房拜见视察工作的领导和报刊的记者。夜深了，回

到住所，管理局的同事还聚在寝室等我商讨工作。我虽然已经陪了几批客人用餐，其实经常是粒米未进，饿急了只好请住我隔壁的尤洲同志拿出糌粑充饥。如果他的夫人小兰来了，还能吃到一大碗热腾腾、香喷喷的酸菜面条。无论事务怎样纷繁，身体怎样劳累，保护工作始终都是我和同事们关注的重心。

建立九寨沟筹建组时就调来的王尤洲同志，一直担负着护林、巡山、协调与当地政府及藏民关系以及机关内务、后勤等工作，任务繁重，虽竭尽全力，仍穷于应付。我多次请求，泽仁珠终于同意把勿角林场场长陈先桓同志调来任副局长。

先桓从灌县林校毕业后，长期在林业部门工作，专业知识丰富，实干精神强，与王尤洲同志配合，保护工作大有起色。他们带领护林员和当地村民组成的护林队，带了帐篷上山"安营扎寨"，加强巡逻，浴风沐雨，每次巡山行程达数百公里，极为艰苦。他们多次堵截邻近省县来偷猎大熊猫和獐子的猎手，从山上取下捕猎獐子的钢套绳超过四万条，收缴了三百多张獐子皮和十几张大熊猫皮，终于杜绝了长期以来屡禁不止的偷猎行为，使九寨沟珍稀动物的保护工作得到了长足进展和根本改观。在镜海上游开辟了苗圃，育成数十多万株杉苗，为伐后迹地营造新林提供了种苗。预防山火的措施也逐渐完善，还与各村寨订立了护林防火协议，收到显著成效。先桓还带人上山清理被伐木场丢弃的木料，将病腐木材运出沟外集中处理，以免病虫害滋生传播；选出尚可利用的木材修建临时用房，还对外出售了一些原木，缓解了管理局资金紧张的窘况。陈先桓和王尤洲同志对我的工作帮助很大，特别是对九寨沟的保护做出了很大贡献，令我至今感激不已。

　　春末时节，在沟口修起了管理局临时用房和门票房。门

1984年春，风景区管理局和保护区管理处正式建立，沟口新建的临时用房，成了办公、生活和接待游人的基地，这是在基地房前小女儿邓桦的留影。

票房边附有一座木板搭建的小放映厅。

门票是请成都一家工厂印制的，首批十万张。同时制作了十万个精致的塑料袋，给游客装垃圾用，上面印有导游图和进入景区应注意的事项。那时正好峨眉电影制片厂来九寨沟拍摄影片，请他们帮助拍摄了一部短片，介绍九寨沟风光和进入景区应注意的事项。峨影的摄影师姓麦，是从印尼归国的华侨，非常热情。没有演员，只好由九寨沟的工作人员充当。王尤洲副局长扮演"不遵守规矩的游客"，乱扔烟头，采摘树枝，丢弃垃圾；一位藏族姑娘扮演的导游亲切地给予开导纠正。每位进入九寨沟的客人都需先看了这部只有八分钟的短片才能进入景区。负责放映和宣传的是当地一位十分能干的藏族青年达赖，他每天把简陋的放映室打扫得干干净

1983年陈先桓同志来后，即在丹祖沟口开辟了苗圃，育成数十万株针叶树幼苗。这是陈先桓（右一）与我在苗床检查种子出芽的情况。

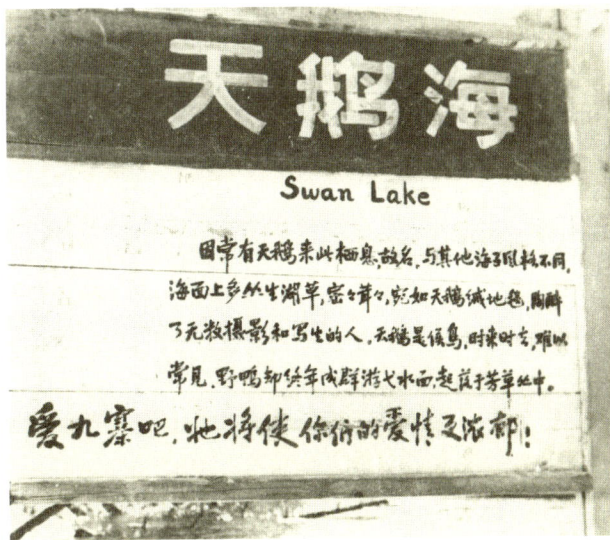

天鹅海

Swan Lake

因常有天鹅来此栖息，故名。与其他海子明显不同，海面上多丛生湖草，密又苇々，影如天鹅减地色，陶醉了无数摄影和写生的人。天鹅是候鸟，时来时去，雕似常见。野鸭却长年成群游戈水面，起落于苇草丛中。

爱九寨吧，她将使你俩的爱情之浓都！

这是创建初期遍布景区的标志牌，仅存这一幅照片。现在看来粗陋不堪的木质手书标志牌，在当时不但能算精致，而且内容也是少有的文明。

净，器械也保养得很好，极少出现故障，加上他对九寨沟热情的口头介绍，补充了影片内容的不足，得到游人的欢迎和衷心称赞。

我们沿游览线路安置了许多警示牌，牌上没有使用当时流行的动辄罚款之类的警语，而是温馨的提示，如"请爱护九寨沟的一草一木吧，您的子孙将永远感激您"，"九寨沟的山水是您美好生活的泉源，请您悉心珍重她"，如此等等。来访的一位《人民日报》记者见了很感兴趣，辑了去发表在该报海外版上。

这时国内旅游刚才起步，给游客发垃圾袋、放电影、使用温馨的提示语，这三个旨在加强环境保护的措施，可能尚属"首创"，得到同行和游人很高的评价。可惜垃圾袋做得太精致，大多数游客把它当成纪念品带回家去了，垃圾还是遍地乱扔。为此，在省里的一次旅游工作会上，我受到一位副省长的批评。后来改用纸制的垃圾袋，效果才好一些。

九寨沟的旅游业完全是白手起家，在艰难中起步。唐丹杰先生担任旅游的开创工作，将林场移交的棚户整修改建，

在沟口新建了板房，形成了约 300 个床位的接待能力；客房和餐厅用具都是请木工现做。那时主要是增加容量，设备很差，日则招待所都是用原木搭成通铺，一个不足二十平米的客房，像堆码原木似的挤进十几个客人，连全国政协副主席吕正操都曾在这样的通铺上住宿，可见当时接待条件之缺乏。丹杰还得花费大量精力去扶持村寨旅游的发展，培训服务人员特别是炊事员。工作十分辛苦，也很见成效，为九寨沟后来旅游业的大发展奠定了很好的基础。

虚惊一场的火警

　　九寨沟的原始自然生态当然堪称完美，但也十分脆弱。这里山高谷狭，山地平均坡度在 45 度以上；很薄的土层下是碎石堆积，加之年均温仅 7.6 度，空气干燥，植被如被破坏，恢复极为困难。针叶林病虫害不多，最怕的是山火，一旦发生森林火灾，火势向上飚窜，根本无法扑救。1960 年春，九寨沟口正对面的山上燃起了大火，集结全县力量扑救，七个当地社员在林火上方扑火时，被浓烟活活呛死。这样惨痛的教训不少，如果在九寨沟内发生火灾，那后果将不堪设想。县护林防火指挥部明确规定，九寨沟如果发生森林火灾，县长和九寨沟负责人不仅要受行政处分，还将送交司法部门处置。

　　培训班结束后，新职工安排就位，我也回到诺日朗着重抓护林防火。三月下旬，成都平原已是麦苗青翠、菜花金黄，九寨沟却还是残冬光景。气温虽然升了一些，但空气湿度下降到 5% ~ 10%。除了松杉，草木不见绿色，海子水位照例降至最低，这正是九寨沟最易发生山火的时期。

　　这天刚刚黎明，电话铃声把我吵醒。沟口护林员席斌报

告观察到扎如沟里有浓密烟雾。我叫他继续观察，同时当即叫醒诺日朗所有工作人员准备出动。接着席斌又来电话，浓烟上升、扩散，确像发生了山火。我要他立即赶到扎如就近观察，并马上给县里报告。那时九寨沟内只有用单线串联起来的手摇式电话机，我一阵猛摇，总算接通了县邮局的总机。但各机关都还没上班，没人接听电话，我只得请总机不停地"摇"县武装部。好不容易接通了武装部值班室，请他们立

保护工作始终排在所有工作的首位。我（左三）常抽时间随藏民护林队巡逻，但到更艰苦的高山"安营扎寨"，则多是王尤洲、陈先桓同志承担。

即报告县委书记也是武装部的第一政委泽仁珠。

诺日朗的同事们都已集中到办公室，个个心急如焚，几个配有自行车的青年骑车去沟口，其他同事只能跑步赶路。丹杰急中生智，打开新购回的四辆摩托车的包装箱赶快装配。刚装成一辆，我就把电话和写在一片包装纸上的火警处理记录交给他，然后跨上摩托车。我从没驾过摩托，骑在车上现学加油和刹车。在崎岖的山路上几次翻倒，手掌、膝盖鲜血淋漓，13公里山路不知是怎样跑完的。等我赶到沟口，县里泽仁珠也已经赶到。我到了他的面前，还骑在摩托上，紧捏刹车，却不知怎样熄火，只好把摩托横放在地。泽仁珠扶我下来，对我说："你看，扎如沟里烟消云散，估计清晨席斌看到的是一股林中的岚气，不是山火。"我心情突然松懈，一下子瘫坐在地。泽仁珠从县城出发前，下令把停在县城的所有客车、卡车、拖拉机全部截来运载武警、干部、居民和城关附近的农民。九时许，近40辆车也陆续到达。去扎如沟观察的人员也赶回来，证实了泽仁珠的判断，可这时却到处找不到席斌。

泽仁珠带人离开沟口时对我说，这是一场虚惊，不是森林火灾，谢天谢地。你们要认真研究一套观察、报告和预警的办法；至于席斌，恐怕是因为误报火警，见来了这样多人扑火，怕不好交待，躲起来了。你们不要责备他。见到火警能及时报告，比置之不理好，应该鼓励他，平时要多观察，经验多了，判断和预报就更准确了。

自那以后，我们扩大了护林巡山队伍，逐步改善了相关制度，特别是林业工作的行家里手陈先桓调来了以后，他与王尤洲相互配合，保护工作有了很大起色。后来又发现过几次山火苗头，都因发现及时，处理得当，没有酿成大祸。席斌也确有进步，对九寨沟的天候、植物、动物、地质都有相当深入的了解，成为九寨沟保护工作的骨干，后来当上了管理局科技处处长。

治理泥石流

　　九寨沟植被很好，百多公里的沟谷，原本只有一条潜伏性泥石流，源头在河谷下游荷叶沟，对海子影响不大。自上个世纪60年代大规模伐木以来，水土流失加剧，活动的泥石流急剧增加。每年夏秋，至少会发生2～3起严重的泥石流，特别是镜海上游和诺日朗下游两处偏沟，一逢暴雨，便有大量泥沙冲入海子，镜海以下，水色污浊不堪，须得一周到十天才能恢复。泥沙沉积使海子变浅，近岸处生出水草。徐志摩先生在《再别康桥》的诗中吟道："软泥上的青荇，油油地在水底招摇，在康河的柔波里，我愿做一条水草。"意境当然优美，但那说的是英国的城市景观。在九寨沟，海子淤浅，水草繁盛，恰是海子老化的征兆。原来长逾公里的镜海，几年间被丹组沟冲下的泥沙淤积的水面几近百米；荷叶寨下游的芦苇海原也是一片清澈开阔的水面，由于荷叶沟长期夹带的泥沙沉降淤积，芦苇丛生，只留下一条狭窄的水道。如果泥石流得不到及时控制，九寨沟的海子将会污浊，逐渐淤塞乃至消失。这不是耸人听闻的呓语，而是我们必须面对的危机。因此，我在参加九寨沟总体规划时所写的保护规划中，

把治理泥石流作为护林防火之后，保护九寨沟的第二条措施，并提出应以生物治理与工程治理相结合的办法施行。

1984年6月，省委常委、宣传部长许川来九寨沟视察。正在镜海了解情况，忽然骤降暴雨。到下午，镜海上游的泥石流奔泻而下，眨眼间就将海子染得乌黑。这时，县委来电话向许部长报告，县城附近也发生了泥石流，冲毁了下较场四百亩农地和南坪林业局几百间房屋。许部长忧心如焚，赶到县城现场了解情况后，决定立即返回成都向省委汇报。我连夜拟好要求治理九寨沟泥石流的请示，也随车赶去成都。

赶到茂县，公路被山洪冲毁，只好绕道翻越大山去北川。大雨未歇，山道崎岖，颠簸不堪，大伙儿浑身的衣服湿透，头和膝盖等处被撞得青一块紫一块。

许部长在路上几次给省委领导通了电话，待我们赶到成都时，省政府已经召集有关部门的人员开会研究救灾事宜。我知道自己人微言轻，到会上说话难起作用，只得跑到省委去找许部长同去赴会。许部长说，我是省委的工作人员，已经把情况向省委作了汇报，但不该参加政府部门的会议。我

这是则查洼沟的一个季节海。周边被重伐后，海子干涸。山上冲下的泥石流已将海子填成大片乱石滩。

再三请求,许部长终于同意去"说说现场情况"。赶到会议室,许部长站在门前,向与会者先作了自我介绍,然后简洁地说明了九寨沟和南坪遭灾的严重情况。他说:"我没有资格来参加会议,我只是作为到过现场的人来向各位求情,九寨沟泥石流的灾情确实严重,如果不及时治理,可能会造成毁灭性的灾难。务请各位领导和专家给予大力帮助。"说时连连拱手致意。没有入座,就匆匆离开了会场。但很显然,他清晰扼要的现场情况介绍和恳切的诚意,给与会者留下了深刻的印象。

这次会议后,省政府立即组织了以中科院冰川研究所所长唐邦兴为首的调查组到九寨沟。唐所长是国内地质灾害方面的权威学者,不但学识丰富,更难得的是务实且毫无大专家的架子。同来的柳素清教授,也十分平易近人,我们都亲切地称她为柳大姐。

调查组工作效率很高,在九寨沟期间,不但完成了技术含量很高的调查报告,而且做出了治理泥石流的科学规划。他们在九寨沟的两条主沟测定出正在活动的泥石流竟达到34条之多,其中规模较大的有17条,必须及时治理。我们原来提出的生物与工程措施并重的意见也得到专家组的首肯。

回到成都后,唐所长一行大声疾呼,得到省政府领导的高度重视。很快,唐所长就给我来电话,说省政府批准了治理计划,同意投入450万元分期实施;第一期工程近期即可开工。这是九寨沟得到的第一笔大投入,我们高兴的同时,对许部长和唐所长一行也感激不已。

1985年夏天,治理泥石流的第一期工程开工。唐所长和柳大姐多次来九寨沟蹲点指导,使我们免走许多弯路,工程质量也得到较好的保证。在陡峭的冲沟里,以钢筋混凝土坝、条石和木栅栏固土拦沙,上面种植当地叫做臭牡丹、猪肚子等速生草本植物,作为地被,固土蓄水,为以后植树造林打好基础。九寨沟的泥石流从此逐渐得到控制。在我离开九寨

沟时，已作初步治理的泥石流冲沟的泥沙流失逐渐减弱，只有镜海和荷叶两处仍然活跃。

我调回重庆后不久，从电视中得知许部长病逝的消息，他为九寨沟不辞劳苦奔走呼吁的情景又浮现眼前，哀悼之情难以自已。后来从成都来的朋友处多次打听，得知唐所长和柳大姐身体康健，仍活跃于青藏高原和长江源的科考活动，也曾捎信问候，但总也没有机会去看望他们，至今内疚至深。

四年前，从《风景园林》杂志上看见一位姓马的博士写的一篇短文，题目赫然是《九寨沟正在消失》。说九寨沟严重的泥石流是"游人踩蹋道路，造成粉尘进入海子形成的"，这将会使海子消失。大约刊登的是原文的摘录，没有看到他立论的依据和关于治理的意见。我以为这位博士对九寨沟泥石流的起因和治理情况所知实在太少，而所作的结论又太过骇人听闻。忍不住写了一篇论文说明我的意见。但我现在更加"人微言轻"，无法在全国性的刊物上发表，只能登在重庆的《园林建设》上，马博士是不能得见的了。

差点被"点天灯"

随着游客迅猛增加，沟内生活污染也渐趋严重。当时正逢发展农村经济的第一个高潮，除了管理局的三处招待所外，树正、荷叶两个寨子在海子边办起了数十个简易旅馆，虽大大缓解了接待能力不足的压力，但垃圾遍地，生活污水直接流入海子，又成了九寨沟环境保护和发展旅游的症结。总规要求把污水用管道输送到沟外集中处理，垃圾也必须运到沟外。但经费紧缺，连维持日常开支都捉襟见肘，如此浩大的工程短期内根本无法启动。无奈，只得"土法上马"，先在则查洼上游一处僻静的偏沟搞了个临时垃圾处理场，将垃圾集中深埋。在诺日朗和日则住人最多的招待所修了简易污水处理池，实际上只是将污水经三次过滤后，任其慢慢浸到深层的碎石和土层内。在沟口建起了洗涤室，从北京买来两套大型洗衣机，沟内所有旅店的布类都在此洗涤，污水排放到沟口外的白水河里。还计划在沟口建立食品粗加工场，以尽量减少沟内的食物垃圾和污水。总之，我们尽其所能，采取了当时我们想得到的、力所能及的措施来减少和治理污染。这大都是治标不治本的应急措施，可能造成二次污染，遭到

了一些专家的批评，但在当时的条件下，确也缓解了污染的扩大。

令人头疼的问题还多。农民的牛羊啃噬树木，不利营林护林。最叫人担心的是沟谷两边的农耕地，不少坡地坡度在25度以上，暴雨季节冲下的泥沙都流入海子。特别是树正群海西坡和五花海东南坡两处共1300亩坡地，坡顶因为伐木减少了庇护，坡地下沿直逼海子，一遇暴雨，地表径流进入海子，使得海子水质混浊，泥沙沉积，水草繁衍，严重影响了景观，并使得水面逐年缩减，必须尽快停耕还林。

为解决停耕后农民的生计，我设想的出路，一是发展蔬菜生产，实行集约型经营，增加单位面积收入；二是发展养

照片右上角的那片耕地有700多亩，其坡度大，紧邻海边，每逢大雨，大量泥沙被冲入海子，因而被列为第一期停耕还林的重点。2004年再回九寨沟时，见到这里已是一片茂密的树林，实感欣慰。

鸡和饲养奶牛，逐步替换粗放的牛羊放牧；三是雇请九寨沟农民从事营林护林、环境清洁和旅游服务工作。这样一来，既能增加农民收入，也能改变当时远去成都采购肉类和蔬菜的困境，保障九寨沟副食供应。泽仁珠十分支持。我们从县城附近的安乐公社聘请了几位种菜能手长驻树正寨，指导蔬菜生产；县畜牧局左信民局长亲自带人从县城居民和机关职工家中收购了大部分良种鸡，无偿送给九寨沟农民饲养，还带领技术人员驻点指导。所有产品，管理局以高于县城市场10%以上的价格全部收购。林业厅宫副厅长很支持以集约经营逐渐取代粗放农牧业生产，为停耕还林创造条件的想法，答应从德国引进黑白花奶牛给九寨沟，发展奶业。同时，我们增加了青壮年农民参加护林和环保工作的人员指标。我以为有了这些措施，可使农民的收入逐年增长，于是毅然开始实施首期三年停耕1300亩的计划。

万万没有想到的是，村民们因袭了粗放经营的老传统，哪里能在短期内就改变了观念。他们嫌养鸡生蛋赚钱太慢，把无偿发给的种鸡卖给了餐厅；嫌施用人畜粪肥太臭，不愿种植蔬菜。虽然做了许多努力，但见效甚微。饲养奶牛的计划也只得搁置下来，"集约经营"无法推广，农民仍然只能依靠粗放的农牧业作为收入的主要来源，停耕还林计划遇到强烈的抵制。

我去各村寨做说服工作，疲于奔命。到了树正，看见我从省民委要来的专用经费在树正寨建起的小学新校舍被村里改作了旅馆，甚是气愤，便找来村长谈话。村长说："你想办小学，还要从外地请最好的教师来培养当地的人，不知要多少年才能见效，我们要的是立竿见影尽快致富，当然只能把这些房子用来办旅馆。"这真使我既生气又伤心，说话的态度也生硬急躁，大家不欢而散。至于养鸡和种菜，虽然费尽口舌，仍然少有进展。

不久，各村寨陆续来人，强烈要求取消停耕还林计划。

人数很快增多，把我的寝室围得水泄不通。工作人员来请他们到会议室座谈，他们不去，全都对着我大声吵闹，简直像"文革"中的批斗会。情势愈演愈烈，不准我接待来访者，甚至不让我出门，我只好把自己关在房间里。扪心自问，我到九寨沟的几年，确是全身心扑在工作上，可谓废寝忘食，生活和工作的艰苦以及经济上的清廉且不必说，身体状况每况愈下，体重从70千克降到55千克左右，在野外现场累得休克了四次，几经抢救才得保住生命，落下了冠心病根。爱人痛哭、朋友规劝，我还是不肯回家休息。连孩子高考，我也忙得不能一顾。我还能怎样办呢？而今得到如此结果，实在感到委屈至极；可为什么会造成今天这样民怨沸腾的情况呢？我静心反思，一来是我对建设九寨沟的长期性和复杂性认识不足，一心指望能尽快改善采伐后的状况和形成接待能力，尽快"掘出第一桶金"，实现滚雪球式的发展模式，这实在过于理想化，操之太急；二来解决村民生计的设想还没有见到大的实效，他们不可能立即放弃粗放的农牧作业；三是我的工作方法有不少缺陷，把复杂问题简单化，与县里有关部门特别是区乡同志商量不够，没有取得他们充分支持。不能只怪村民不懂事，我的工作也需要认真改进。一时心里真是酸甜苦辣五味俱全，焦虑纠结，百感交集。

第二天上午，来的人更多，情绪更趋激烈，树正的一个小伙子居然提出要把我拉到野外去"点天灯"。按照藏族的习俗，就是把人剥光了衣衫捆绑起来，在肚脐上挖一个洞，放上酥油和灯心，然后点燃，把人活活烧死。这是对罪大恶极的仇人最凶狠的惩罚。虽则没有人响应，但由此可见他对我的怨气之深。我已经疲累不堪，只好坐在室内听之任之。拖到中午，县人大主任曹万秀闻讯赶来。他是藏族老干部，在群众中有很高威望。他先叫了几个闹得最起劲的村民谈话，然后站在我寝室门前，用藏语大声讲话。听语气是在严厉批评聚集在屋外的人。不一刻，村民们就悄然散去。曹主任这才进门坐下来，一面安慰我，一面要我把停耕还林的计划做得更周详，根据可能条件分步实施，尽量减少矛盾。

我由衷感谢曹主任给我解围，更感谢他对我工作的批评和指导，使我深入反思并改进工作。我和管理局的同事们反复研究，决定把村民工作重点从急于停耕还林转向大力扶持藏民兴办旅游事业。我把将采取的措施先和公社党委商量，取得了共识，公社大力支持，派人和我们一起办理。为帮助树正寨的餐饮、旅馆的发展，不但派厨师去指导烹制菜肴，还把我们招待所的木床、桌椅、餐具无偿赠送给他们，并同意暂时将那所新建的小学作为旅馆。各村寨特别是树正寨的藏民餐厅和旅店如雨后春笋般发展起来，一部分村民的收入大幅度增长，在游客蜂拥而至的高峰期也大大缓解了管理局接待设施严重不足的压力。请省政府拨来专款在黑角沟建立了村民用柴基地，修建了专用公路，还送给树正寨一台运送薪柴的汽车，既解决了村民的急需，也保护了景区的林木。

亟待停耕还林的坡地。田树昌 作者摄于1978年。

从当地雇请的护林员大量增加，在各村寨都组建了护林巡山队，加上吸收青年人到管理局的服务机构工作，使得村民的收入有了较大增加。后来，无论走到哪个村寨，见到的村民，很多都是我们的工作人员的家属。藏民极重亲情，我到村寨就像会亲访友，和村民们的关系逐渐缓和以至融洽。春节时，村民自发组织了上百人来管理局拜年，拉了我和他们在院子里且歌且舞，一再盛情邀我到寨子里过年。我到扎如寨一位村民家里刚坐下，就来了一群青年，每人捧了一碗酒，唱起了"酒曲"祝酒。我不会喝酒，竭力推辞。领头的小伙儿居然跪了下来，把酒碗高举在头顶继续唱歌。主人告诉我说，这里的习俗是给尊敬的老年亲人敬酒，你不喝完，他不会起来的。我只得接过满碗青稞酒一饮而尽。后面的人仍以同样方式依次上前敬酒。没等喝完第三碗，我就醉倒在火塘边。从那以后，村寨里无论有多大喜事来请，我再也不敢去了。

原有的看来似乎颇为"豪华"的建筑，远不能满足九寨沟迅猛发展的需要，已被拆除，取而代之的是图中宏伟的藏式建筑群。

　　经过管理局和公社同志的共同努力，我们逐渐与村民亲如家人，工作上也得到公社和村民更多的支持。

　　为迎接1984年10月在九寨沟举行的总规评审，管理局的同事确实是废寝忘食地工作。除了文字资料，更难的是现场准备。整顿各旅游接待点，清理环境卫生，赶修步行道，修建主要景点的休息亭廊。所有景点设施都是由我连夜绘图，大部由秀成同志指导施工。回想起来，许多设施的设计水平很低。镜海边的四方双亭是仿香港郊野公园的小品设计的，木质彩色，看似有些新颖，但不合九寨沟的风格；芦苇海边步行道的矩形水泥块用卵石镶嵌，做工粗糙。诺日朗半山的观瀑亭，是景区内体量最大的建筑物，选址、造型和用材都不错，原设计用杉树皮盖顶，但秀成找遍附近各个林场也没有杉树皮，邻近会期只得以绿色玻璃纤维瓦代替，不但过于简陋，与整体和环境也不协调。这些缺点，后来在评审会上受到了批评，镜海双亭不久就被拆除，只有观瀑亭几经改造，其布局和造型保留至今。

　　这期间，我夜以继日工作，体力下降很快。那天在观瀑亭检查工程时，感到一阵晕眩，因为近来已多次如此，我也没去理会，坐下稍事休息，就赶到芦苇海边查看步行道的铺设进度。刚到现场，又感晕眩，眼前一黑，倒在地上，不省人事。等我醒来时，发现已躺在寝室里，身边是刚从县里赶来抢救的医生，床边挤满了同事，还听见窗外有人饮泣。这已经是第四次晕倒，比前几次严重，医生不允许我像前三次那样继续工作，坚持送我到县医院治疗。几天后举行的九寨沟总规评审会我已无缘参加，成了我终身的憾事。

"三最"题字

1985 年秋，时任中共中央总书记的胡耀邦同志结束西北视察来四川时，顺道来九寨沟视察。

耀邦同志于国庆节上午到达九寨沟，不到管理局休息即直奔日则。日则是九寨沟最偏远的接待站，海拔 2700 米，设备简陋。耀邦同志对接待室简陋的实施毫不在意。他没听管理局陪同人员汇报，而是挨个儿询问日则的服务人员：家住哪里，父母何业？得知有位年轻的临时工是永丰乡野猪关的农民时，高兴地把他留下，详细询问家中田土人口、农副产业。

"你家六个人，你说去年人均收入 1000 元，那就是 6000 元。是些什么项目呢？"

小伙子说产粮多少，种药多少，打工多少，凑了一半；最大的项目是造林。听到这里，耀邦同志十分高兴，说："造林造福子孙，又能挣钱，这个路子好。"随后又详细询问了山地造林的有关政策和补贴标准。在说到造林要经过严格验收才发补贴时，耀邦同志问："来验收的人多不多？要不要验收费？"小伙子答复后，他风趣地说："要是他要喝酒吃

1985 年 10 月 2 日晚，胡耀邦为九寨沟题字。后排右一是作者。

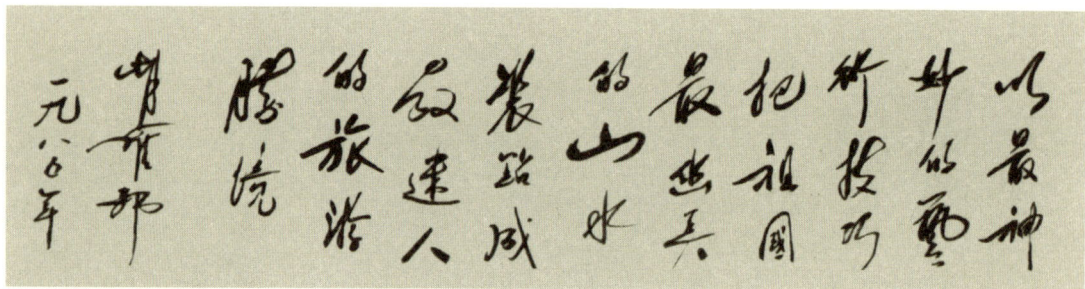

肉才算验收合格，你坚决不给他吃，到县里找他（指泽仁珠）解决。你回去给你父亲说，造林不止是为了挣钱，也是改变家乡落后面貌的大事，一定要把林地管护好。我在西北说过要致富先栽树，也适合你们这里，一定要重质量，重实效。"

　　保卫耀邦同志的主要措施似乎只限于驻地管理局小院内，照理说外人很难看出什么迹象。但他到九寨沟的消息不胫而走，从日则接待站的客厅出来，院坝里早已聚了上百游客，等着要见总书记。保卫人员要他赶紧上车，他不予理会，反而径直走到向他鼓掌的游客中去。这批游客绝大多数是青年，其中半数是港澳来的，把耀邦同志围得水泄不通，南腔北调的问候声嚷成一片。耀邦同志先是向各方挥手致意，接着就忙着和近处的人握手。他已70多岁，大家都为他的体力和安全担心。这时有几个香港女青年要与他合影，她们给周围的游人一打招呼，居然在耀邦同志正面腾开一个空间。她们紧紧依着总书记拍照后，又有人挤过去合影。这时我才发现我的担心是多余的，一来耀邦与青年们谈得很愉快，二是我认出他身后不远两名壮实的青年是随他同来的，当是非常得力的保卫人员。果然，照了几张像以后，趁人群挤动，那两名青年从左右靠上去，把耀邦搀出人群。随行的同志在他们身后扎成人墙，阻滞游人跟得太近。耀邦走上公路仍不肯上车，一面疾步快走，还不时回头向后面的人群挥手。走到已能望见箭竹海的转弯处，他才上车，我们也松了一口气。

在树正群海观景后，他又要步行。我们考虑到这一段路游人很多，路边岩坎又高，劝他以车代步。车到万景滩以下，已经没有海子，清澈的溪水在谷中欢跳轻歌；蓝天、白云和绿色的灌木丛，衬托得已开始变色的杂灌木愈加艳丽，耀邦又下车步行。他身材不高，但步频很快，一面走一面了解森林保护、风景建设和附近农民生活的情况。边走边谈，精神矍铄，毫无倦意。

下午六时左右，总书记与省州负责同志座谈后从管理局小院回寝室的路上，看见路边的花草，顺便谈到园林："园林建设不能只按中国的方法搞，中国的园林传统是很悠久，但是也有比较保守的一面。""搞园林也要用现代化的方法。""不能单纯依赖中国传统的方法，还要有现代审美意识。""九寨沟的风景是自然的，不能照搬传统和国外的造园模式。"

也是在这条路上，耀邦问起他住的那幢房子旁边的平房是谁设计的。那是去年把管理局的宿舍腾出了三幢作招待所以后，现修的开水房兼盥洗室，室外有一条宽大的走廊，廊柱间设有低矮的木板，是为游人洗盥时当座凳用的。因为赶急，来不及去成都请专业单位设计，加之又是只作客人洗盥使用的平房，我就自己动手设计，由秀成同志负责修建的。我如实说了。不料耀邦说，这幢房子设计不错，与周围环境比较协调，样式也还可以。这实在是对我的勉为其难的设计的过高评价，虽然自知水平很低，但得到他的鼓励，还是很高兴了一阵子。

耀邦一行到达的前一天，省里通知有两位副部长级的同志随行。来后才知其中之一是他的秘书。

副部级秘书毫无"架子"，且无声无息，一见拍照或摄像，就避到旁边，连许多接待人员也没注意到还有这样一位"部级官员"。这位秘书十分辛苦，白天听省州县的同志介绍情况，晚饭后还要按耀邦同志的要求，独自走访农民，而且每晚须访问四家。

作者在管理局“小洋楼”前的留影。

　　九寨沟地广人稀，沟里六百多平方公里不到二百户人家。沟外除风讯塘稍近外，其余的寨子都在五六公里以外。司机与秘书在山路上颠簸，人地生疏，黑灯瞎火，走村串户，真不容易。耀邦同志规定不要当地官员陪同走访，也许是为了更便于农民讲真话。有的老年藏民连汉语也不会说，更增加了走访的困难。即使如此，秘书仍坚持走访，为耀邦同志搜集了许多宝贵的第一手资料。从这一点也能看出耀邦同志务实求实的精神，而这恰恰是当今当领导人最可宝贵的作风。

　　耀邦同志下榻管理局招待所，伙食由职工食堂操办，平时都是单独用餐，吃得十分简单。在离开九寨沟的前夕，安排县里四大班子和九寨沟管理局的负责人与耀邦共进晚餐。这算得两天来惟一的"宴会"了。仍由食堂炊事员王万司主厨，洋芋、白菜、萝卜之外，不过炒肉片之类。管理局同志商量多时，特意加的一道菜是椒盐酥鱼。

　　九寨沟有三条小河和一百多个海子，但只生长一种冷水鱼——嘉陵无鳞鱼。这种鱼一般只能长到一二两重。六七十年代九寨沟两个伐木场千余职工，加上来运输木材的司机，经常在海子里炸鱼，每炮响过，水面飘满了被炸死炸晕的小鱼，炸鱼人捞上来的不足百分之一。鱼量锐减，靠食鱼为生的天鹅于是绝迹，绿头鸭大批移往他处。建立保护区几年来，严禁炸鱼和垂钓，鱼群很快增加，绿头鸭已随处可见，九寨沟这一道活动风景线又恢复了勃勃生机。我们想以九寨沟的鱼招待耀邦同志，但按照管理条例，又不能在沟内捕捞。于是就由秀成同志出马，在沟外一处浅水湾垂钓。不到一个小时就钓了几十条小鱼，聚在一起差不多有三斤。王师傅用文火炸出，小鱼呈半透明状，酥脆鲜香。

　　耀邦同志不喝酒，他的医生，一个年轻的小伙子给他端来一只带塑料盖的玻璃杯，盛了白开水，他就用这杯水与大家碰杯祝酒。他的食量不大，吃了两条酥鱼，说味道很好。当他又举箸挟鱼，医生悄悄走到他身后，示意只能吃这一条

了。耀邦笑着点点头，在吃完这条鱼后，就停箸止食，招呼我们继续用餐。然后掏出熊猫牌香烟点燃，静听大家闲谈。在说到发展旅游事业时，耀邦感慨地说：现在人民收入不多，要是十亿人中每年有一亿人能外出旅游，那就好了。

这一桌"晚宴"，即使在今天来办，也花不到一百元，而当时尽"地主之谊"的南坪县委和九寨沟的负责人，并不自觉寒酸，耀邦也毫无责其简慢之意，吃得很高兴。

席间，耀邦同志欣然同意我们的请求为九寨沟题字。他先去隔壁卧室小憩，我们赶紧收拾了碗碟，铺上毛毡，把餐桌改成了书案。约晚八时，耀邦来到餐室，手里拿着一叠稿签纸和一支圆珠笔。坐下以后对我们说："我想了两句话，你们看哪一句好。"一面说，一面写在稿签纸上。"'山水幽美，人更精神。'九寨沟的风景好，人更好，怎么样？"

我是九寨沟的负责人，赶紧谢谢总书记对九寨沟人的鼓励。耀邦同志另翻一页，一面写一面说："还有一句是'以最神妙的艺术技巧，把祖国最幽美的山水，装点成最迷人的旅游胜境。'这里用了三个最字，要求很高啊。你们看写哪一句好？"我说："这一句对九寨沟的评价最高，总书记对九寨沟工作的要求，我们一定尽最大努力去做，一代人不行，几代人总能做到。就请总书记写这一句吧。"

这时，省州负责同志也都来看耀邦题字。省委办公厅的一位同志说："总书记，这幽美的幽，一般常用的是立人优。"耀邦同志没有立即回答，他笑了笑，又写了一个"幽"字才说："我是想特别强调九寨沟的幽静，不仅是优美。用的这个幽字，大家看行吗？"

字是写在新册页上的，这是我托合川画家胡世淳先生特为定制的灰色缎面大册页。耀邦同志刚写了"以神妙"三个字，突然说："呵，错了，少写了一个最字。"我赶快另拿了一本册页摊开。这次是一气呵成。写"胡耀邦"三个字时，特别遒劲有力，周围响起热烈的掌声。树昌同志趁机按下相机快门，留下这珍贵的场景。

　　这张照片放大后，我一直挂在寝室的墙上。耀邦同志去世时，我早已回到重庆。我怕重庆的高温高湿会使照片褪色，就把它取下来，用厚纸封得严严实实，收在箱底。我不能如往常那样每天都看见耀邦，但他的矫健身影和丰功伟绩，却都已永远珍藏在我的心中。

告别九寨沟

　　1985年底，我冠心病再次发作，身体状况愈来愈差，已不能像前几年那样高强度地工作。考虑到两个孩子大学毕业后都留在故乡重庆，且父母都已是耄耋之年，因而在病塌上，向来看望我的州县委领导再三请求调回重庆。

　　这在我来说，是一个十分艰难的决定。我自己"请缨"到九寨沟时，立志把建设九寨沟当作我奉献毕生精力的事业。"人生能有几回搏"，能为九寨沟拼搏到人生的终点，该是何等的幸福。但过度的劳累不仅使体重锐减，导致几次休克的冠心病也不容我维持那样高强度的工作；而九寨沟正需要能拼善搏的领导，我无论如何也不能赖在这里尸位素餐；何况故乡有年逾八旬的父母和刚刚踏上事业征途的两个孩子，所以只好强忍如被刀割般的心痛，决心下山。

　　1986年夏末，已调任州旅游局局长的泽仁珠回南坪，特地陪同我的一家，安步当车，遍游九寨沟。国庆节后，接替我工作的先桓局长在新建的河边餐厅为我举办了送别晚宴。他刚开始致辞时，餐厅内外已是一片哭声；尤洲和他的夫人小兰唱起了祝酒歌，两人都是泪流满面，歌声咽泣，我心情

离别前，九寨沟管
理局班子成员在办
公楼前小院合影。
左起：教导员、县
委常委苏发生，副
局长阎秀成，接任
局长陈先桓，作者，
副局长王尤洲，办
公室主任张主峰。

更为激动，刚端起酒杯，突然感到一阵晕眩，倒在地上。

　　1986 年 10 月下旬的一个夜里，我参加完县里四大班子
的送别宴回家，看见泽仁珠还在等我。他要我放弃回重庆的
打算，到州旅游局工作，所有调动手续概由他去办理，连我
的住处、交通、治病等问题，他都已作了切实可行的安排，
直谈到深夜两点。但我去意已定，婉言谢绝了他的好意。我
虽没有再次投到他的麾下，但他恳切的情意令我至今感激。
10 月 24 日离开南坪，三天后回到了已经阔别 31 年的故乡重
庆。

　　我在任期间，除了早期参与资源调查、总规和建立机构
等工作外，开建的几个项目完成的不多，其中主要有第一段
12 公里公路的改造；建成管理局用房和一批木结构的旅游用
房；九寨沟直升机场和九寨沟宾馆虽已建成，但尚未投入使

在州旅游局工作的泽仁珠得知我将回渝，特来九寨沟陪同我和夫人志琼作"步行告别九寨游"，其深情令我终生难忘。

用；治理泥石流只完成了第一期工程。而停耕还林工作进展迟缓，直到十年后，泽仁珠任管理局局长期间，九寨沟的经济实力和管理水平都有极大提高，经过艰苦努力，才得以圆满解决。多少年来，我常想起一位前辈的话。1984年我国驻英国大使陈肇源先生听了我对九寨沟的工作汇报后，语重心长地告诫我说："无论中外，一个高质量的风景区的建成都需要几百年甚至上千年时间。就以四川来说，峨眉山已有上千年的历史，青城山从东汉算起更是经历了1800年，都是多少代人努力的结果。九寨沟还是三四岁的初生婴儿，不能急于求成。现在的方向和路子都是好的，贵在坚持。"

　　九寨沟创建阶段，是我平凡的一生中最困难也最充实的一段时期。我参与了一些基础工作，在离开了九寨沟时，反倒更清醒地认识到，以后的工作定会更加繁剧，确是还需要多少代人的持续努力。

回重庆前夕，南坪县负责同志为我送行。前排左起：县人大主任费万秀，我的夫人何志琼，作者，县委书记牟红民，县长周宜民。后排左起：县府办公室主任绕建丰，县纪委书记唐招贤，副县长倪万坤，县政协主席雷锡通，县委副书记苏联辉，县外办主任贾正兴，县委组织部长钟全贵。

1986年10月作者离开南坪前的留影。背景为南坪县城全景。现在的九寨沟县城
规模少说也扩展了十倍，已是颇具现代气息的繁华旅游城镇。邓桦摄。

回家了

过了松潘，飞机降低了高度，舷窗下岷山的脉络渐渐清晰起来。只见灰棕色纵横的山脊上，散布着斑驳的白色条块，这是2004年初冬第一场雪留下的痕迹。和我同机回九寨沟参加管理局建立20周年庆典的同事说，九寨沟机场快要到了。他的话勾起我关于机场建设的回忆。20年前，为机场选址，两年间我曾七次陪同民航局及成都空军来人走遍了方圆一百多公里内的山谷草地，但选出的几处均达不到民用机场的安全要求，于是作罢。后为了应急，省里决定先修个直升机场，就在九寨沟口附近的彭布。但这个机场除了部队试飞过一次外，也再没有使用。想不到我这次回九寨沟，居然能乘飞机，而机场竟然是在九寨沟和黄龙之间的山脊上。据空姐介绍，成都至九寨沟已成为全国效益最好的客运支线。

刚走出候机厅门口，一群人迎上前来，为首的是一位身材窈窕的女士："邓局长，欢迎您回来！"接着献上洁白的哈达。一个高大的小伙儿捧着一杯青稞酒："邓叔叔，您辛苦了。"

我是"回来了"！阔别故地近20年的游子"回家了"！

与当年培训班的部分
学员合影。左起：王
玉清、李泽安、丁晓
风、杜永秀、拉玛珠、
王兰英、作者、色佐
曼、马珍英、李淑琴、
赵晰、郭崇元。

我哪能不激动。上了车他们才逐个自我介绍。那位女士是管
理局副局长，姓丁。她说："邓叔叔，您不认识我啦？我是'黄
埔一期'的，父亲叫丁大胡子……"哦，我想起来了，上培
训班时，她还是个扎着小辫的妹仔。那位大个子小伙，原来
是当年接待中央领导人时当餐厅临时服务员的人大主任杨朝
英的小儿子。车里的气氛顿时活跃起来，丁局长有条不紊地
介绍了九寨沟近来的工作成绩，小杨述说着南坪故人的近况。
两人争抢着"发言"，其他的人和我都插不上嘴。我听他们
说话，连窗外的景色也顾不上看，不知不觉间，车忽然停了。
车门开处，宾馆前广场两边手持花束的藏装青年高呼："欢
迎，欢迎。"在大门前迎接的人群中，我终于又见到了泽仁珠、
先桓、尤洲等几位我多年来思念的好友，扑进人堆，握手、
拥抱，忍不住泪水盈满了眼眶。

　　当晚的小型宴会只有十几个人参加。现任局长章小平先
生的欢迎词和其他主人、贵宾的祝酒词，我都没听清，因

为激动，脸红心跳，耳里一阵阵嗡嗡地响。酒过三巡，一位英俊潇洒的先生前来敬酒："邓局长，我不但久闻您的大名，还听过不少您的传奇故事。您废寝忘食在九寨沟工作，人家还要拿您去点天灯……"他这奇特的祝酒词顿时引起满堂笑声。邻座的泽仁珠这才给我介绍："这位汪先生曾任九寨沟管理局副局长，备受欢迎的九寨沟歌舞就是他作词作曲编舞导演和组织演出的。现在他带了容中尔甲到东南各大城市巡回演出，红遍了全国。"我还来不及致谢，汪先生接着说："您的贡献不用我说，我为您唱一曲来表达我的敬意。"说罢就举杯唱了起来。我虽听不清歌词，但他高亢婉转的歌声饱含的深情厚谊使我深深感动，我举杯一饮而尽。

其实那晚我喝的酒很少。我邻座的泽仁珠原来任县委书记，是我的顶头上司，当年就是他派我到九寨沟工作的；我的这位"老领导"和"继任者"对九寨沟的贡献可谓显赫，在他任南坪县委书记时对九寨沟工作支持最大，后来竟辞去阿坝州旅游局局长职务，主动要求回九寨沟担任局长。在九寨沟20年先后六任局长中，他的任期达11年之久。这位小我六岁的"老领导"依旧面容红润，满头青丝，风采不减当年；对我的照顾也还是那样细心周到。他帮我干了几乎所有的敬酒，给我杯里斟的却是饮料。

汪先生的高歌又掀起新一轮敬酒高潮。我眼含热泪，接过一杯又一杯葡萄酒、青稞酒，面对当年的老友和热情的新交，怎么也找不到合适的话来表达我的感激之情。虽然酒都由"老领导"代饮，可我也已面红耳热，酣然沉醉。这倒正应了那句古语"酒不醉人人自醉"。

12月25日在大礼堂举行了建局20周年庆典。我坐在主席台上听章局长讲话时，一面翻阅他的讲稿，发现"大会安排"里，我将接着他发言。这是我事先全然不知的，只好赶紧在他的讲稿背面写了个提纲。

九寨沟已经获得世界自然遗产、世界绿色生态圈、环保

21、国家最佳景区、国家地质公园等顶级桂冠；20年来，没发生森林火灾，营造的幼林覆盖了几乎所有伐后迹地；根治了泥石流，污水和垃圾得到妥善处理；沟内近百家旅馆全部撤除，新建的服务设施水平臻于一流，年游人达200万；近期建成的"数字九寨"是国家八五重点科技项目，为全国风景名胜区首创；收入从当年的四万猛增至七亿，不仅自己有了发展实力，在与"熊猫之乡"卧龙自然保护区合作开发卧龙旅游的经济实体中，占到80%的股份；九寨沟县从"木棒槌财政"变成了旅游财政，财政收入跃居全州之冠……"你们在短短20年走过了别的风景区几百年乃至上千年才走完的道路，这光辉的成就不由我不大声赞美，对后任的各届领导和同事，我不能不由衷地感激。"当我说到当年创业的艰辛，讲起听到来了第一批19个游客的消息使得培训班师生举座欢呼的往事时，听见台下不少职工低声饮泣。我抑制不住，哽咽得讲不下去。偏在这时，全场爆发出热烈的掌声。"如果九寨沟取得的辉煌成就是一座丰碑，我就是它基座里的一

九寨沟管理局历届负责人合影。左起：章小平，陈先桓，作者，泽仁珠，苏友生。

块碎石；如果九寨沟的事业如九寨沟澎湃的激流，我就是其中一朵曾经映射阳光的浪花。我为九寨沟自豪，我因曾在九寨沟拼搏半生，死无憾矣。"我站起身来，向与会同仁深深一鞠躬："向九寨沟的工作者，敬礼！"结束了简短的讲话后，我独自一人悄悄离席，到会场外坐下来，让激动的心情慢慢平静。

所有现任领导人陪同泽仁珠、我以及另两位前任局长参观了主要景点；在以前我多次来机耕的荷叶坝纪念林种植了纪念树。正上车要回管理局时，看见给我们开车的小伙桑介正拿着扫帚清扫道路。我问他怎么还兼作清洁工的事，他腼腆地说：九寨沟给了我们好生活，我们的儿子孙子都要靠九寨沟过好日子，我们大家都是这样做的。他的话使我似乎领悟到了什么，我正思索时，一位身着藏族盛装的中年人拦住车门，非得拉我去看他的"藏族民俗博物馆"。见我犹豫，泽仁珠笑着说：你应该去看看。我刚转身，那位拦路的藏民突然向我鞠躬："邓局长，我就是那年要拿你"点天灯"的泽里王修。那时你对我们说把砍树木挣钱改成让人家看树木赚钱，要我们停耕还林，我们觉悟低，给你为难，请你原谅。现在九寨沟管理局给所有青壮年农民都安排了工作，老人和小孩都有生活补贴，家家修了新房，我还办了民俗博物馆，你一定要去看看。"我这才依稀记起那位极力反对停耕还林的青年，拉了他的手就走。

穿过树正寨热闹的集市，看到所有的寨房都是近年新建成的，几乎找不到旧时藏寨的痕迹。泽里王修的家在寨子东面最高处，并排两座三层楼房，红漆木柱，彩绘板壁，即使与以往的土官寨房相比，也算得上宏大壮丽。门前的广场和一楼展室陈列着展示藏民生产和祭祀活动风情的雕塑和器具，二楼的住房宽敞整洁，煮饭和取暖全都用电。三楼的经堂里，酥油灯照得佛像和四壁的唐卡熠熠生辉，恍如进了一座寺院的大殿。他按藏族最高礼节，献上哈达，敬了青稞酒，

可惜我要赶回管理局参加座谈，只能匆匆走马观花。

感谢泽里王修的邀请，时间虽短，但我看到了树正藏寨的崭新面貌，看到了当年梦寐以求的藏民的富裕生活。20年前"执著如冤鬼，纠缠如毒蛇"的种种担忧和焦虑，一扫而空。九寨沟的将来一定是"童话世界"般的人间天堂。

刚回到管理局，就被许多"黄埔一期"的学员拉着在门前合影。如今他们都是近40岁的中年人了，大多成了管理局的中层骨干，这时却仍像20年前一样活泼激动，簇拥着我，有的叫邓叔叔，有的叫邓爸爸。成功经营着一家藏装公司的色佐曼抱着我不放手，泪流满面。王兰英拉着我的手一面跳一面说：培训班毕业时，你在我们的小本子上写的话"生是九寨人，死是九寨魂"，我们都记得很清楚，这些年我们也是这样做的，还这样教育我们的子女。我既欣慰又感动；同时，我也意识到我当时给他们的题词表意不准确：他们做到了"生是九寨人"，而同时，这些辛劳尽职的九寨沟建设者、保护者，现在就是九寨沟山山水水的灵魂，哪里要像我写的那样等到作古以后才成为九寨沟的精魂呢。

我进入"恳谈会"会场时，早已座无虚席。英俊能干的藏族年轻人章小平局长给我和泽仁珠颁发了"九寨沟管理局终生高级顾问"证书；把"九寨沟荣誉沟民"证章挂在我的胸前。低头看，我的编号是001号。

经章局长介绍，得知现任的几位都具有大学以上学历，其中还有一位博士；最年轻的副局长克克，刚20出头、身材硕壮，黑亮的眼睛和宽大的下颌显示出藏人特有的纯朴和倔强。他站起来叫我"邓爷爷"，说我到他家访问他爷爷时曾见到过我。泽仁珠说："他是九寨沟扎如寨的后生，刚从澳大利亚留学归来担任副局长。你当年培养九寨沟人来管理九寨沟的想法，正在开花结果。"我高兴地把克克拉到身边坐下。恳谈会后，克克把泽仁珠和我请到茶室亲热地谈到半夜，要我们为开发扎如沟景区出谋划策。我为九寨沟有了土生土长的素质高能力强的接班人喜不自胜。

恳谈会上，章局长介绍了下一步工作口号是"世界的九寨沟"，工作的目标是把九寨沟打造成世界旅游精品。他的设想境界高远，气势恢弘，是我当初做梦也不敢想的。

我就当日参观所见，提出了三点建议。一是伐掉了珍珠滩水里的一些树丛以拓展游人赏景视野的做法不妥。二是为疏散游人广辟步游道确属必要，而且总的效果很好，但在镜海主游道对岸水边修路，毁损的恰是变色树种，影响了倒影的质量和镜海的宁静；熊猫海主游道对面以铁管搭建的栈道，不但遮挡了皱褶和色彩俱佳的地质景观，而且游人从栈道所看到的，又恰是高逾百米、寸草不生的碎石陡坡，无论对保护和景观都不利。三是现在游人上午九点以后才能进入，下午离开景区，不能看到九寨沟许多最美的景观，建议开设一些特色景观旅游项目，并增加特色景观的宣传介绍，这对建成"世界一流旅游精品"是十分必要的。

在发言最后，我着重说道："九寨沟的生态系统十分脆

在泽里王修的藏族民俗博物馆前，右一是泽里王修，左三是作者。

弱，对此我们应该有更进一步和更清醒的认识。九寨沟的保护必须始终放在工作首位，一切建设举措，无论有多高的经济价值，只要它对保护哪怕只是稍有不利，就当毅然决然地摈弃之。打造世界旅游精品，让世界更多的人来九寨沟，更说明九寨沟不仅是中国的，也是世界的。我这里要强调的是，九寨沟的自然景观属于全人类，是世界惟一的、不可再生的宝贵资源。从全人类的、更长远的角度看，如何使九寨沟能与人类共存，直到千万年后还依然如故，实在比提高近期的收入增长率重要得多。我建议在你们所提的'世界的九寨沟'的口号中加上一句：'永远的九寨沟'，而且把'永远的九寨沟'喊得更加响亮。让我们都来为永远的九寨沟倾力奋斗。"

　　27 日，左光远主任送我到成都机场，又送我上了回重庆的飞机。我的这次九寨沟之行就此结束了，但我的心将永远留在那里。

"我为九寨沟自豪，我因曾在九寨沟拼搏半生，死无憾矣。""向九寨沟的工作者，敬礼！"

我眼中的九寨沟

下篇：

左起：泽仁珠、邓一、章小平

建立风景区以前，九寨沟十分荒凉。诺大的山沟里，只在农耕地集中的地方有藏族村寨，其余绝大部分是原始森林和陡峭悬崖。

山崖、海子和瀑布与当地居民的日常生活关系不大，很少有人关注它们，所以它们大都没有名字。在给《四川日报》写那篇介绍九寨沟的专稿时，我和田树昌因苦于众多的景点没有名字，简直无法着笔，逼得我们不得不给那些重要景点当场取名。

我和树昌商量：九寨沟景点的名字，应该与九寨沟原有地名相协调，与九寨沟原始的自然风貌和风景特点相协调；尽量保持藏族的而不是汉族的文化特色；应当反映自然科学，特别是生态学方面的内涵；总之是宁土勿洋，宁俗勿媚，宁质少文。

除原有的地名外，那次我们给大部分景点取了名字。在证得当地老人和时任县委书记、出生在九寨沟的泽仁珠同志的认可后，就写进《童话世界》九寨沟》正式向外界介绍了。但这远没有一锤定音，在以后的景区创建过程中，对其中不少名字又做过一再改动。其间的一些逸事，当可给后来人留下一点谈资和史料。

"倒影倒看"赏镜海

镜海算得上九寨沟"资格最老"的景点之一。

1978年，我和树昌来九寨沟就是住在124林场招待所，得到了林场同志的热忱帮助。这里离镜海很近，我们常常到海子边找块石头坐下来讨论文稿。镜海长约一公里，宽三四百米。每于晨昏风定之时，水波不兴，蓝天、白云、青山、红叶连同飞禽一齐映在水里，纹丝不乱，如一面硕大无朋的镜子，让人分不清哪是景哪是影，哪是真哪是幻，所以就把它叫作镜海。古时修撰的《南坪乡土志》中关于九寨沟的记载是："羊峒有海子，水光浮翠，倒影林岚。"恰像是专为镜海写的。

我们来到这里，常常是坐下来不说一句话，痴痴地看海子，看山林，看天上白云从山后升起来又缓缓飞过头顶，看水里鱼儿跃起来又落下去溅起圈圈涟漪。我们忘乎所以，竟不知不觉走进那个寂静而生动的世界。等到醒悟过来，似乎所得甚多，欣然自喜，正待下笔，已失所有——正是："其中有深意，欲辨已忘言"。

要说么，世上水塘湖泊，哪个没有倒影？"水光浮翠，

朋友，您能分清哪边是景，哪边是影吗？张玉强摄。

倒影林岚"怎算得九寨沟独有的特色？但只要你来看了镜海，是在晨昏风定之时特别是在仲秋的晨昏之际看的镜海，那才算你看见过九寨沟的倒影。

《"童话世界"九寨沟》里，就用了镜海这个名字。但也就从那时起，一直有人把它讹为"静海"。先是林场的几位伐木工，说那里安静，最好钓鱼，该叫静海；以后又有导游指着镜海向游客介绍说："看，这里多宁静啊，所以叫静海。"有一次一位很有责任感的记者匆匆赶到管理局对我说："你们的导游图错了，把静海写成了镜海。须知静字才是安静的静，赶快去改过来吧。"待我说明了"镜海"两字的含意，他瞪眼顿脚，啥话没说，上车又奔镜海去了。晚上回来对我说："镜海镜海，这名字真是绝了。"

九寨沟的海子都呈南北走向，惟独镜海是东西向。只有她，最早迎来朝阳，最后送走夕辉。观赏镜海最好就在这一朝一暮，此时山风止歇，波澜不兴，水面如镜，才能见到真正的"镜海倒影"。不要站在逆光的方向，那样只能看到水

作者正在向游人作
"倒影倒看"的示范。
邓桦摄于1993年。

面一片亮白，耀眼炫目。如在清晨，需在镜海东端；黄昏时，则到镜海尾部。倒影之美无需细说，但要领略倒影之妙，那还得"倒影倒看"。

你靠在一株大树干上，背向海子，深深地弯下腰来，从胯下看去。静静地，一动不动。

你能看到海子边的景色，你能听见飘洒的树叶落到水面的轻响和鱼儿的私语，不要着急，千万不要着急，就保持这个姿势，一分钟，两分钟，哈哈，你就进入了"角色"。你看见了蓝天，天上有白云飘动；看见了积雪的山和水边的树，还看见它们在水里的倒影。倒影那样清晰，那么细腻，简直比真景还丰富。你看见绿头鸭游过来，身后曳着一串闪光的水波；你看见山鹰在水里翱翔，看见一条鱼儿猛地蹿进水里又向上摔进了天空——啊，不对呀，怎么会是"鸟在水里飞，鱼在空中游"？这时你才猛醒，原来是"本末倒置"，把真景和倒影全弄颠倒了。就在你走进倒影天国的一刹那，你才真正领略到心境的宁静，心胸的尘虑已被洗涤一净，真个是

"心如明镜台"啊。这才是"梦幻九寨",这就是"镜海涤尘"。

　　至于这个"倒影倒看"的"发明权",摄影家葛家林说该是他的。我无意与他争抢这份专利,姑且就算是他的吧。在这里我就代他把这个欣赏镜海的妙招奉献给大家。你再去九寨沟时,不妨一试,便知吾言不虚也。

两大奇观：
火花和彩虹

　　火花海是树正群海下端的第一个海子，当时还没有自己的名字。记得 1980 年深秋，杨超先生来九寨沟视察。他是我国著名的哲学家，研究毛泽东的"两论"有很深的造诣。"文革"中被江青打成"中国的黑格尔"，"全国共讨之"。来九寨沟时他已恢复了四川省委书记之职。随行的有省内颇有名气的摄影家葛家林。葛认定"九寨沟是摄影家的天堂"，来前已说动杨老，将要出版由葛摄影的九寨沟画册。我和树昌把九寨沟精彩景点和最合适的摄影时间、位置逐个做了介绍；他首先选择的就是火花海。

　　那天清晨，葛家林带了令他非常自豪的"登月"牌相机去拍海子。这相机是省委书记刚从国外买回来的，足足两箱装备。我们爬到海子左侧的半山腰，选好架机的位置。此时太阳刚好从身后照射到水面，一阵山风拂过，暗蓝色的水面陡然跳起耀眼的火花，三朵、五朵，一刹时，整个湖面到处都有火花在闪烁飘动，比星辰更灿烂，比篝火更活泼。葛家林像个孩子，手舞足蹈雀跃欢呼地连拍几张，停下来再看，觉得有些单调，有人进入画面才更生动。于是我和树昌好不

上左：刚踏上破木筏，我脸上还能
挤出一丝笑容。葛家林摄于1980年。

上右：葛家林镜头下的火花海。这
是最早向世人介绍火花海的佳作
（木筏上的人是我和田树昌）。摄于
1980年。

下：用葛家林当年相近的角度补拍
的火花海（木筏已大为改进）。

容易在海子对岸的树丛里找到一条多年前伐木工人废弃的木筏，准备让它载着我们一起入画。可我们刚跨上去，木筏就散架了，我的两腿全都浸泡在冰冷的水中，只好蹲在水里，伸出双臂尽量把散向两边的原木拢住，树昌则在后面用力划桨，还得挤出满脸的笑容以供拍摄。

回到驻地，葛家林兴奋地向杨书记猛赞。第二天清晨，杨书记随我们来到摄影点观看。一向以严肃著称的哲学家笑逐颜开，拊掌赞叹。他说："你们不是说这海子还没有名字吗？我提个意见供你们参考：就叫火花海怎么样？"

大家拍手叫好。火花海这个名字就这样定了下来，很快就名扬中外。葛家林那张有小木筏的照片拍得非常成功，刊登在许多报刊上，成为九寨沟影响最大的佳作之一。后来葛家林邀我去成都为他的画册撰写了说明，可惜因为经费原因，画册终于没能出版，实在是一大憾事。

应该在这里补记一笔的是，1983 年国庆期间，香港著名摄影家陈复礼先生到北京参加政协会议，先到九寨沟一游。看到九寨沟的景致，豪兴勃发，把所带的胶片全部用光，还不肯离开。结果会议没有去开，留下了如下名言，第一句是："在九寨沟摄影不用费心取景，镜头对着无论哪里，拍下来都是好作品。"第二句是："拍了九寨沟，我前几十年所有的照片统统烧掉也不可惜。"后一句当然是艺术家的激情之言，而前一句却是陈先生对九寨沟风景的经典写照。罗丹说过，美是无处不在，需要的是人们去发现。陈先生以他深厚的艺术修养和精湛的摄影技巧，果然把九寨沟之美表现得精彩绝伦。我在印制精美的《中国旅游》画报上，得见几十幅陈先生的作品，其实那一期画报，几乎成了他镜头下的九寨沟风景摄影专集。其中许多照片是我迄今为止见过的九寨沟最佳风景照。就我所知，这是最早向海外介绍九寨沟的佳作。我曾珍藏一册，密不示人，但后来辗转搬家，现在竟然无论如何也找不到了。

火花海中钙质泉华结成的小岛，是别的海子里不多见的。张玉强摄。

　　上午九点以前，站在火花海下方，最好是爬到左侧山腰，凝神等待。太阳刚从东边照临水面，而对岸的山林还都处于阴影中。晨风轻拂，扬起轻波，在暗绿的背景里，你会看见水面忽地有大朵的火花闪烁，两朵，五朵。转瞬间，整个海子都腾腾地燃烧起来，火花越来越大，越闪越亮，欢腾跳跃，真可谓流光溢彩。待到阳光投射到对岸，树林一片亮绿，火花熄灭了，海子复归宁静。你不用叹息，你已经大饱了眼福，而这时候，正是观赏海子中的珊瑚小岛和林间瀑布的最佳时段。

　　彩虹只在诺日朗和珍珠滩两个瀑布才有。秋日瀑布水量丰沛，到诺日朗观彩虹，需在九点二十至四十五分之间。崎岖的林中小径被飞溅的水珠浸得又湿又滑，你下行时需得稍加小心。走到瀑布中段的谷底站定，向左面上方看去，就能看见一道彩虹，临空横架在林梢和瀑顶之上。如果你没有看见，不妨沿着溪流向前慢慢移动，边走边看。恰到阳光斜照到水雾的入射角适合的位置，彩虹就会出现在你的眼前。

珍珠滩瀑布的彩虹当然也以秋日最佳，它总是出现在上午十点半左右，气势比诺日朗的更大。运气好时，还能见到彩虹上面那一轮稍微暗淡的霓，虹和霓中间呈暗灰色，把虹霓的七色衬托得更加鲜艳。"赤橙黄绿青蓝紫，谁持彩练当空舞"，你儿时就背得滚瓜烂熟的诗句，不经意间从记忆深处跳将出来，这正是眼前奇景的写照。如果你意犹未尽，或者还会即席吟诵出感情色彩更加浓郁的佳句来。

这么多年来，在汗牛充栋的九寨沟摄影作品中，我从没看见有表现九寨沟彩虹的画面，真令人不可思议，不能不说是一大憾事。但愿这是我的孤陋寡见。

神池 五花海 五彩池

　　早年，九寨沟附近几百里的藏民都知道，羊峒的五花海是再灵验不过的神池。天干久旱，远近村寨的汉人藏民，都备了公鸡、肥羊和酥油、哈达，敲锣打鼓结队来五花海"取水"、"还愿"。来到海子边，燃起柏桠，把哈达挂在大树上，匍伏参拜，宰了肥羊作为牺牲，而那许多公鸡却统统放生。由喇嘛或是老民虔诚祝祷后，用背桶、牛皮水袋、茶壶等所有能盛水的器物装满了五花海的水，立即飞步下山。路程远的，有三两天脚程，也都是人不休息马不卸鞍，务必一气把从海子里取的水带回村寨。哪怕漫天骄阳石头冒烟，只要还愿心诚，取水的队伍往回走到哪里，大雨就会接踵而至。

　　我和树昌1978年去时，已是初冬。则查洼沟路边的冷杉早被伐尽，偶尔能看到几株杂灌木的残枝在霜风中颤抖。好不容易到了神池边，却大失所望。周边的林木砍伐殆尽，水源枯竭，原来的湖底成了褐黑色的滩涂，只有湖心尚存一泓清水，哪里去寻找当年艳丽多彩的影子？但"五花海"作为九寨沟最负盛名的景点，这个名字又不能不保留下来。怎么办呢？我和树昌为此极为烦恼和惆怅。

　　几天后，一个晴朗的日子，庞旁老人领我们沿日则沟踏察。近午时分，到了半山腰的一座突台，山下的海子整个展现在眼前，我们一下子惊呆了。

　　海子头是一条细长的河道，深深的宝蓝色；河道转弯处的左岸，一大丛松树拔地参天。庞旁老人用旱烟袋指着河道说："那是孔雀的颈脖，松树是他头上的翎毛。"我们这才省悟："颈脖"南面开阔的水面，不正是孔雀的身躯吗？他头上的"翎毛"已足以让人惊讶，那蜿蜒的"胸背"和扇状的"尾屏"更令人叫绝。湖水五色斑斓，有银白、浅蓝而至深蓝，有嫩绿、翠绿而至墨绿，有柠檬黄、金黄而至棕黄。其间更有星罗棋布的淡蓝色的圆斑，里面不断冒出银白色的气泡，如串串珍珠，正是孔雀尾羽上的图案。海子周边则被岸上多彩的树木染成黄红紫酱等种种色彩。啊，如果是西双版纳的孔雀飞来，也会在这里敛起尾屏，羞愧地低下头去。

　　"这海子还没有名字。"庞旁老人说："因为在日则沟里，也有叫他日则海的。日则沟的海子有好几十个，这不能算是

他的名字。"

"就叫孔雀海。"树昌高声叫起来。

"五花海。"大概是"福至心灵",我猛然悟出个主意:"这才是九寨沟的灵魂五花海。"

树昌和庞旁老人都赞同。在《"童话世界"九寨沟》里,就以五花海的名字把这个景点介绍给了读者。

"五花海"既已"搬迁"到此,原来的神池便很少有人提起。随着停止采伐和保护工作的开展,神池周围的植被逐渐恢复,水面逐年上升,渐渐地又显出昔日的风采。直到上个世纪80年代,我才给他想出一个好名儿:五彩池。现在再没有人来求神取水,它已经成为九寨沟又一处受人青睐的景点。

五花海的名声越来越响亮,成了九寨沟最有魅力的主景之一,1983年就是用它的照片作为标志印在第一批门票上的。

这里还得补充一句,我陪同外宾游览时,常听翻译把"五花海"说成 five flower lake,五朵花的湖。每逢这种情况,我就会赶紧对翻译说,是 five color,五色、五彩的意思。不知现在的导游是否都已注意到了这点。

水色丰富的成因,在《九寨沟地质公园》一书中的权威解释是:"主要源于湖水对阳光的反射、散射和吸收。在红橙黄绿青蓝紫单色光谱中,由红光至紫光,光波逐渐减小,……说明湖水中短波光的散射大于长波光,这就是瑞利散射效应所致。"编著此书的这位地质专家用大海呈蓝色的一般说法来诠释九寨沟海子的绚丽,是远远不够的。就我所知,五花海的"五花",至少有以下三种特点:

九寨沟绝大部分海子处于狭窄的谷底,驳岸陡峻,几成壁立状,自岸边至湖心水深大致相等,所以看到的大抵是相近的深蓝色。惟有五花海是从近岸处向湖心渐次加深,水色也从无色、浅蓝、宝蓝、湖蓝、深蓝,到海子东北角最深处的近乎黑色的墨蓝。哪怕单就蓝色来讲,九寨沟的一百多个海子中,也以这里变化最多,层次最为丰富。这是其一。

左图:五花海边的彩林。
张玉强摄。

和其他海子一样，五花海的海底也是碳酸钙结成的泉华，本色浅白，最宜衬托水色的变化。与别的海子不同的是，五花海水底生有片片水生苔藓和水草。水生植物种类繁多，叶色各异；其间又有水底潜流不断涌出，周边是新沉积的泉华，颜色比别处更白，在绿色中形成鲜亮的光斑，如同夜空中闪烁的群星。水底这蓝绿黄白等色也自然形成了"五花"，这是其二。

到得深秋，周边丛林叶中的花青素各显神通，松杉碧绿，黄栌鲜红，山杏深酱，椴树明黄，连巴蜀遍地都有的柞树，竟然也呈现出从浅黄直到咖啡的种种颜色，一齐映在水里，把个海子染成色彩艳丽的调色板。清风和阳光也来助阵，把层层涟漪幻化为条条彩色锦带，在水底翩翩舞动。这时，纵使万籁俱寂，你仍能感受到色彩那欢快至极的喧闹。只有深秋，五花海才会把她最灿烂的美展现在你眼前。这是其三。

　　这里说的是她的五花。要说到观赏，你还得留意时辰和位置。

　　如果要看的单是秋之绚烂，站在顺光处就行了；在彩林形成之前，则需沿公路上到半山腰，只有这里才是看水底色彩变幻的最佳位置。再前行到公路顶端，回首俯瞰时，除了观赏色彩之外，你千万还得注意海子的形状。五花海就像一只孔雀，羽毛斑斓的身躯尽收眼底，海子出口处的河道，就是它高昂的颈脖，最前端一丛茂密的杉树，恰似孔雀头顶长长的颤动的翎毛。关于孔雀和梅花鹿的神话这里且不去说它，但有两点赏景的细节，还得略作交待。

　　如果你过了栈桥，到了对岸，那边地势低矮，难以看见五花海的全貌。那你就沿岸漫步，细看近岸处的种种水草苔藓：有的直立多枝，极像水底森林；有的长叶如带，随波飘逸。且不要停步，直向前走去，在海子东北角树阴下，你会为海子深于大海的蓝色震撼。我每次来到这里，都要久久驻足，心里的忧郁烦恼就会被山谷的清风和海子的宁静洗涤一空，胸怀变得如蓝天一样的空阔高远。

　　回程路过孔雀河道时，你不要着急赶路，要在河边领略孔雀蓝的媚丽，欣赏水下千年古木的盘桓虬曲，品位古木上刚伸出水面的新生小树的盎然生机，更不要忘了夕照里出水口那绚烂得无与伦比的波光艳影。要是你如此这般地细赏了五花海，哪怕别的景点你都匆匆而过，也不虚九寨沟之行了。

树正群海：
"这就是甲宁甲尕"

　　在九寨沟的中段，从树正瀑布到万景滩，一连 40 多个海子，头尾相连，逶迤五六里。海子大小不一，各有特色。怎样称呼它们呢？"九寨海子群"，"梯级海子"，"海子串"，还有更离谱的名字，都不合用。树昌说："就叫做树正群海吧，以近旁的村寨名之，以群海状其特色。"这确是已想到的所有名字中较为满意的了，在最早的报道中，就使用了这个名字。居然"一炮走红"，一直沿用至今。

　　紧邻火花海南面的海子，水面开阔，气度恢宏。站在岸边，深蓝的水色和周边的森林一下子就吸引住游人的目光，使人常常忽略了最精彩的景致——水下蛟龙。水面下两条乳白色的钙质堤埂，从西南角向东北蜿蜒伸去，如两条游龙嬉戏。定神细看还能分辨出怒张的龙爪，龙身披着层层鳞甲。更神奇的是龙头上竟然长着一对长长的犄角，分支参差，角尖刺破水面擎到空中。山风拂过，涟漪乍起，波光缭乱，蛟龙于是活动起来，摇头摆尾，似乎就要腾空飞去。大家的意见一致，就叫做卧龙海。

　　卧龙海上游不远，树正寨下，有一座藏式磨房，原木作

墙，青泥盖顶，木轮带动石磨日夜悠悠地转啊转啊，发出沉重的嘎嘎声。自从《自古英雄出少年》、《四川奇趣录》和《无情的情人》等影片把这座磨房介绍给了外界，这里就成了游客必到、到必拍照的景点。

磨房边有一座桥，凭水搭建，以椽子为柱，细木为檩，上铺"塌板"。所谓塌板，是用两端有柄的"塌刀"直接从粗大的冷杉原木上劈下来，不经锯刨，不用钉榫，横铺檩上，两侧各以粗藤固定。桥身很长，贴着水面蜿蜒伸向对岸，既是一道景观，也是就近细看水下泉华、桥边红柳的流动观景线。这座木桥该取个什么名字才好呢？我们把它叫栈桥。按说，"栈桥"的原意是"车站、港口用于装卸货物的形状略像桥的一种建筑"。这里的"栈桥"，我们是借用"栈道：在悬崖上凿孔，在支架的木桩铺上木板的窄道"的那个"栈"的意思。这座栈桥古朴自然，与九寨沟风景融为一体，藏式建筑风味浓郁，管理局把栈桥作为"保留景点"，给当地村寨补贴维修磨房、栈桥的费用，使之保存原样。近年来九寨沟收入猛增，沟内

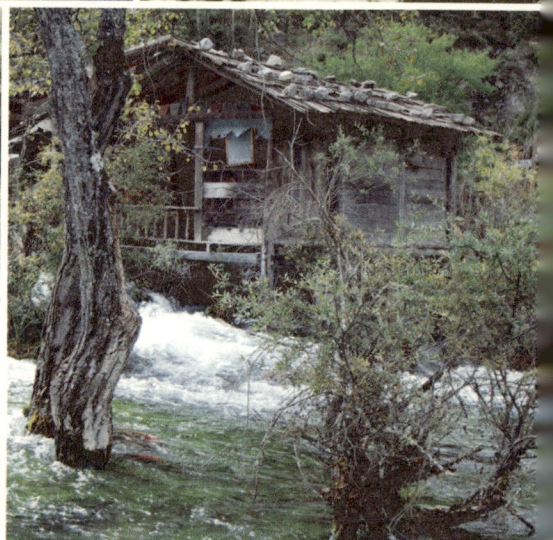

上左：树正瀑布顶上，达尔措边的水中杨树，枝干如铁，虬曲入画。张玉强摄。

下左：九寨沟的栈桥有三，这是树正寨下栈桥的原貌。图中栈桥与海子、磨坊、梯瀑、红柳、马群融为一体，是九寨沟特有的景观，同时，也是绝佳的流动赏景路线。现在被整修得规整划一的新桥，已不复当年的风采。

上右：这张早期的黑白照，曾经是九寨沟的"标准像"之一。为游人熟知，这株顽强地屹立在瀑口激流中的老树虬曲盘桓，苍劲倔强。我为它题打油诗一首：

《题水中树》

铮骨立寒水，虬枝著霜雪。

虽无参天姿，谁谓不高洁。

下右：仍然保留着原汁原味的树正寨藏式磨房。张玉强摄。

藏名"达尔措"的
老虎海。张玉强摄。

交通设施很快"升级换代"，本应更好地保留栈桥原貌。但这次回九寨沟，看见已用规格划一的木板铺成笔直平整的桥面，已失去原有的风采，实在不能说是明智之举。

树正瀑布的顶上有一排杨树，那杨树居然就长在水里，粗壮高大，深铁灰色的枝干虬曲盘桓，大异于黄土地上杨树的挺拔潇洒。树下一面是树正瀑布，另一面是很大的、近乎圆形的达尔措——老虎海。

达尔措是九寨沟为数不多的有藏名的海子之一。"措"在藏语里是海子的意思，西藏、青海和川西北的藏民都如是说，譬如著名的班公措、羊拱措。可惜我已经忘了庞旁老人讲的老虎海名字的来历，但老人讲的与老虎海头尾相接的犀牛海的故事，我至今印象尤深。

早年有一位得道高僧，从西方来到九寨沟，就住在犀牛海底。他不食人间烟火，潜心诵经修炼，只偶尔出水，不为化缘，而是给附近村寨解危济困，治病救人，因而深受人们爱戴。有一年，一位喇嘛从南边很远的地方骑着犀牛来到这里，要向高僧讨教佛法，但他无法进入海子，只好在岸边虔心祈祷。他的诚意感动了高僧，同意向他传经。奇迹出现了，当喇嘛骑着犀牛走向海子时，海水忽然向两边分开，形成两

面翠绿透明的高墙，墙内的游鱼都能看得清清楚楚，两墙当中露出一条干爽的大路。村寨的人们拥到海子边，眼见这神奇的景象，一齐匍伏礼拜。喇嘛走到高僧座前，敬礼如仪，然后坐在高僧前面的石墩上静听高僧说法。海水慢慢合拢，淹没了他们石雕泥塑般的身影，从此两位僧人就深居海底。

太阳升起又落，月儿圆了又缺，青稞种了又收，寨子里的人也换了一代又一代，喇嘛还没出来。那一年九寨沟遭了大难，瘟疫从牛羊蔓延到妇女儿童，哭声越过森林瀑布，飘进了海子。一天清晨，喇嘛从海子中冉冉升起，踏着水面走到岸边。他已经须眉皆白，但仍很矫健，到各村寨诵经送药，平息了这场灾难。那以后，喇嘛没有再回水中，而是在海子边搭了座窝棚长住下来，为远近闻讯赶来的人治病消灾。他不收人们送来的供奉，只食山果饮山泉，直到圆寂。

喇嘛临终时在窝棚旁边开掘出一股泉水，这是他留给世

与老虎海头尾相接的犀牛海，"甲宁甲尕"就座落在犀牛海边的山腰上。张玉强摄。

人的宝贵遗产。喝了这泉水，体弱的变得健壮，生病的立即痊愈，不能生育的妇女子女成群，瞎眼的重见光明。更奇妙的是，"黑心人"如果常用泉水洗浴，也会变得善良。人们为了纪念他，就以喇嘛的名字叫这山泉：甲宁甲尕；把这个海子叫做犀牛海。传说前辈老人还在月圆之夜看见过犀牛从海子里出来卧在山泉旁，一动不动地仰望月亮，直到月落才潜回水里。

"这就是甲宁甲尕。"老人指着海子边山腰上一大丛茂盛的山草说。我和树昌随老人从荆棘中爬上去，果然寻到了泉眼。一股清冽的泉水汩汩地自草根处渗出。老人捧了山泉洗眼漱口，我们俯下身去喝了个痛快，确实是甘甜爽口。

这次再回九寨沟，站在犀牛海边，仰望甲宁甲尕，仍见山泉长流，很是欣慰。但如织的游人随导游从泉下匆匆走过，却没有人瞟它一眼。真可惜了如此清冽的山泉和优美的传说。为什么就不能在这里设一块标示牌呢？

树正群海 40 多个海子，可以说个个精彩绝伦，但至今还有三四十个没有名字。但愿热情的游客于游兴酣畅之际，灵机一动，脑子里突然蹦出个好名字来。如果被采用，"人以名传"，不也是一桩"流芳千古"的美事吗？

日则沟：
"转了正"的芳草湖

日则沟深处海拔 3000 米的地方，藏着一个海子。两边是千仞绝壁，非亭午时分不见阳光。海子不宽，却长逾一公里。大部分水面长满了水草，显示这海子走过了很长的历程，现在已经衰老，因而它不同于别的风华正茂的海子，展现的是另一种深沉静穆的风韵。据当地藏民说，在森林遭到大量砍伐前，常见到越夏的天鹅来这里歇息，所以就把她叫做天鹅海。

也曾有人对天鹅海的名字提出异议。几位诗人来游，向导游建议："这里特别适于谈情说爱，应该叫做爱情海。"但"爱情海"与我们当初给景点取名的要求相去实在太远，管理局同仁都不赞成。诗人回去后，还是在游记里使用了这个名字。看来赞成的读者很少，这个名字也就"行而不远"，自行夭折了。

不久，四川省作协在日则沟招待所开年会，游览之后，给这里取了个名儿："芳草湖"。接待作协的秀成同志十分欣赏，竭力向我推荐，而且广为宣传。渐渐地，"芳草湖"不胫而走，并且从口头"登"上了导游图，接着还"上了书"，

于是扎了根"转了正"。这是九寨沟惟一个叫湖不叫海的海子，而它的上段紧傍悬泉的那一块水面，还保留了"天鹅海"的名字。这次回九寨沟，听说绝迹多年的天鹅又回来了，天鹅海名实相符，着实令人高兴。

天鹅海西边绝壁上，百十米高处有一个岩洞，洞口凌空喷射而出的泉水，形成了一匹长长的白练，坠至山腰，散成一幅珠帘，衬着深色的山崖分外耀眼夺目。

当年几位陪同我和树昌来这里踏勘的伐木场的师傅不无得意的告诉我们："这股泉水就像牲口撒的一大泡尿，我们给它取了个名叫马尿水。"

如此清泉，得此俗名，直如焚琴煮鹤，大刹风景。

还是来参加年会的那几位诗人建议说："就叫相思泪。

秋深了，天鹅们去了南方的暖国，而"土著"绿头鸭仍留在天鹅海过冬。张玉强摄。

只有多情美女思念恋人，泪水才这样纯净，长流不干——君不闻'泪珠儿呀，从春流到了秋，又从冬流到了夏，我的爱呀，你在哪里'，此之谓也。"到底是诗人，引经据典，有根有据。

我以为这简直是林黛玉忽然从大观园跑到这人迹罕至的莽林中绝壁下，突兀而立，掩面痛哭，雅则雅也，但与九寨沟自然天成的风韵以及别的景点名太不协调，因而我们没有采纳这个建议。

1984年，北京画院的画家邓林、庄言等一行来时，我陪同他们游藏马龙里，听我介绍"马尿水"时，他们都哑然失笑，说到"相思泪"，邓林先生皱着眉头说："我赞成你的意见，不要弄些风花雪月的东西，那于九寨沟不很合适。"我请她取个名字，她说："庄老肚里墨水多，还是请庄老出个主意吧。"

切磋良久，大家赞同邓林的提议：悬泉。

回去后我多方征求意见，都以为这名字不错，"悬泉"就这样定了下来。

当地人叫它"曲索卡"

报刊上登载最早的九寨沟风光照片，是树正瀑布。

在九寨沟开创初期很长一段时间里，树正瀑布可说是"独领风骚"，成了九寨沟的"标准像"，如同迎客松之于黄山。

瀑布就在树正寨旁的公路边。庞旁老人说，当地人叫它"曲索卡"。细问之后，得知这"曲索卡"就是水花飞扬的意思，并非某个瀑布的专名。九寨沟瀑布很多，而这个瀑布紧靠树正寨，我和树昌在文章中就以寨名名之，可谓名正言顺。自1979年初见诸报端，再没变动过。

认真说，诺日朗瀑布这个名字并不确切，多少有点"假冒"之嫌。

在我和树昌初到九寨沟采访时，这样壮观的瀑布居然还没有名字。住在瀑布附近的林场师傅们无以名之，大都把它叫作"124林场下面的瀑布"。我和树昌的《"童话世界"九寨沟》即将脱稿时，在林场恰好遇见白河区长杨万成同志。他是藏族，在管辖九寨沟的白河区工作多年，一直支持把九寨沟建成风景区而不是搞成光秃秃的伐后迹地。当我们向他请教瀑

树正瀑布之于九寨沟，就如同迎客松之于黄山。

布的名字时，他低头默想很久，没有回答。看来他对向来无人居住的荒野的地名也不太了解。当我们再一次和他讨论这个话题时，他犹豫地说："好像叫诺日朗吧。诺日是个地名，没有特别的意思；朗，就是汉话里地点的意思。"

我和树昌正急于成稿，听了他的话，认为这个名字原汁原味，真是喜出望外，就照此写进了文稿。

《"童话世界"九寨沟》见报大约三四年后，杨万成同志对我们说，我回去问了几个老汉，这里不叫诺日朗。但已经晚了。"诺日朗"不但写进文章，还多次配了大幅彩照上了画刊，特别是那幅瀑布全景，我还把它用在了九寨沟外宾门票上。于是再没作改动。好在没有谁来刨根问底，而且早已成了深受游人喜爱的景点的名称。

珍珠滩瀑布是循了珍珠滩的名取的。

1978年我和树昌到124林场时，鲁场长和他的同事们非常支持对九寨沟风景资源的保护，尽其所能地介绍了他们到九寨沟以来的所见所闻。鲁场长告诉我们：从这里往东三公里，转一道弯，就可到达一个又长又宽的水滩，水花溅玉，一片银白；滩下有个瀑布，比场部下那个瀑布还大还好看。几位酷爱钓鱼的师傅说，瀑布下面水潭里的鱼特别大，有半斤多（九寨沟一百多个海子，只有一种无鳞鱼，通常只有一二两重）。于是，一个晴天的午后，林场办公室主任张国威同志带领我和树昌前去探察。

第一次看到这个河滩时的激动是不言而喻的。水花飞溅，裤腿尽湿；深秋水寒，脚如刀割。走到河滩中心，我只顾得看景，一个趔趄，跌进一个空洞，整个身子陷进洞里。幸好我手里横握着一根木棍，架在洞口，头、颈得以露在洞外。水哗哗地往领口里灌，等到树昌和国威把我拉出来时，已经浑身湿透，全身冰凉。换上他俩匀出来的衣裳，"考察"才得以坚持下去。

当时滩里到处有红籽儿、刺莓、毛棠梨等灌木丛，红透的、黄亮的、青翠的山果挂满树叶行将落尽的低矮枝头，衬着银亮的水花格外鲜艳亮丽。水中还有一丛丛白杨、松树、红柳和说不上名字的杂灌木，低矮粗壮，枝干虬曲，宛如园艺师

"将错就错"的诺日朗瀑布。张玉强摄。

精心盘扎的盆景庄头。树昌抱着那部老掉了牙的海鸥牌双镜头反光相机拍个不停，一再感叹："一棵小树一个景，一粒水花一颗珠。"于是，当场就把这里取名为"万景滩"；滩下的瀑布就叫作万景滩瀑布。

回到场部，大家升起篝火烘烤衣服，兴致勃勃地和场部的师傅们谈起白天的探险和新取的景点名。一位师傅说，这一滩活蹦乱跳的水花，如倾倒的万斛珍珠，不如就叫珍珠滩，比万景滩更能道出它的特点。我们一想，确实，"珍珠滩"更为贴切，决定采用他的意见。于是，滩下的瀑布也就顺理成章地改作了珍珠滩瀑布。同时把"万景滩"移作荷叶沟口磨房下那个河滩的景点名。遗憾的是，现在无论如何再也记不起为这处景点改名的师傅的大名了。

自从电视连续剧《西游记》来这里拍摄，而且把唐僧师徒四人在珍珠滩瀑布上行走的镜头作为各集的片尾反复播放

后，珍珠滩瀑布声名大噪，游人迅速增加，滩里的植被也因
此遭到很大破坏。后来在滩上修了栈桥，保护了景观，也保
证了游人的安全。

高瀑布算不得一个好景名。

熊猫海口两山对峙，下面是很高的断崖。海子的水从断
崖倾泻而出，直落80米下的深渊，声震数里。峡谷间林木葱郁，
遮天蔽日，所以如果不到断崖深处，就看不到瀑布的真面目。

1979年秋，我和树昌为《西藏文学》写《九寨梦幻》时，
想把以前没有写过的新景点介绍给读者，其中就有这个九寨
沟最高的瀑布。原本打算请文人雅士给它取个响亮的名字，
迄无结果。临发稿时，只好暂以"高瀑布"称之，并因循至今。

上个世纪80年代中期，由阎秀成同志主持，用原来林
场废弃的木料修成一条栈道，从熊猫海口傍断崖绝壁，绕瀑

流回还往复而下，在谷底以林间小道通向五花海边，这才让
游人得以欣赏到高瀑布的雄伟壮观。这条栈道深受游人喜爱，
"熊猫海栈道"由是名声远扬，"高瀑布"的名字反而不彰。
或者以后会有热心人来为它取个既贴切又响亮的名字，也可
了却这些年来挂在我心头的一桩夙愿。

熊猫海栈道。
张玉强摄。

左图：飞流直下近百米的
高瀑布上段。张玉强摄。

九寨沟的海子有多少有多深

　　清华大学著名的风景学家朱畅中教授对九寨沟情有独钟，他说："黄山天下山，九寨天下水。"可谓把对九寨沟水景的评价推到了极致。九寨沟的水，主要就是指海子。与他同行的建设部甘伟林司长、北京大学谢凝高教授都赞同他的看法。

　　《现代汉语词典》对"海子"的注释简略到只有一个字：湖。把湖叫海的，云南有洱海、羊拱海，北京不是也有中南海、什刹海吗？可见海子并不希罕，但惟独九寨沟成了海子的大家族。百十里山谷中，连连串串，络绎不绝，星罗棋布。大的三四百顷，小的半亩园塘，一个比一个奇特、漂亮，也难怪朱教授有"九寨天下水"之说。

　　那么，九寨沟的海子到底有多少呢？

　　当地人说：那哪能数得清呢。只有上个世纪70年代任南坪县林业局局长的阳本源先生十分肯定地回答：108个。我问他"典从何出？"他说，当年他做九寨沟森林调查时亲自数过。真是振振有词，言之凿凿，我和树昌早年介绍九寨沟时，就用了这个数字。

　　白河区邮电所的刘顺昌先生也是个有心人。1982 年夏他对我说：我跑九寨沟邮路已经十几年了，几乎隔天就要骑车往返一次，把沿途的海子不知数过多少遍，九寨沟的海子有 130 多个。我问他这个数字准确吗？他说，季节海夏天有水，冬天干涸，不便计算，也只是个大概吧。这是又一个言之有据的说法。

　　随着游人的增加，来问九寨沟有多少海子的人越来越多；作为九寨沟的管理人，我也很想弄清"自己的"家底。1983 年我派了几个得力的小青年去调查，记得有卿建、匡东林和张儒仲等。几天过去，个个满脸风尘，诉苦说：从沟口向上到熊猫海，我们数了 140 多个，以为这次可以有个大概的结果了。可到了熊猫海和箭竹海之间，丛林里那一大片小海子就没法去数了——树丛太密，堤埂上尽是荆棘，说什么也钻不进去。其实五花海到高瀑布那一段和镜海往下以及树正群海这几处的小海子确实难以逐一分辨，即使派架直升飞机来也不一定数得清楚。

　　我也没了高招，只得"鸣金收兵"。罢罢罢，《水浒传》不就是一百单八将吗，我们何不就保留"一百零八个"呢，水中奇观一组：

上左：水中盆景滩。

上中：这是孔雀河道夕照中的艳影。您能数得出她有多少种颜色吗？

上右：这种在水中的枯木上又长出的幼树，即使在九寨沟也极为罕见。

中左：树正寨下栈桥边，红柳的水生根在水中飘曳，给"九寨彩林"又添一彩。

中中：五花海栈桥下的枯木。表面沉积了一层乳白色泉华，在湛蓝的水中，仍显得栩栩如生。

中右：小鸟落在了静谧的海子上，又成了九寨沟的一个美景。

下左：水底光晕是五花海的"五花"之一。这纯是阳光幻化成的美景。

下中：这是火花海中的钙质泉华浅礁和水里的整棵松树，在别的海子十分罕见。

下右：这不是常说的"枯木逢春"吗？倒卧水中的枯木上，竟生长出种种生机盎然的植物。

既接近实际，也合于习惯的"阳数"。于是这个数字一直沿用下来。

九寨沟的海子有多深？对这个人们同样关心的问题，说法差异就更大了。在一般的报道里，常见的是"深不可测"；有的人又因为大多数海子清能见底，又用"深不盈尺"来形容。

说它"深不可测"的，大抵都是站在水面开阔的海子边，望见水色青蓝，及至湖心几近蓝黑，当然就不知其深几许了。而说它"深不盈尺"的，是因为能清楚地看见水底横斜的树枝和游动的小鱼。其实他们没有想到这里的水质十分纯净，能见度格外得好，可说是"大上其当"了。

1984 年，也就是去"数"了海子之后不久，我派人对海子的深度进行了实测，用的是最原始的工具——测绳和铅坠。匡东林、小赵和几个会游泳的年轻人，用车载了张爱萍将军赠送的冲锋舟，满沟转悠，搞了半个多月。他们认真负责，克服了许多困难，较大的海子要选择几个点，一个点重复测量两次。测量结果虽不能说十分精确，但总算弥补了一项空白。在当时的条件下，确实难能可贵。

由于经常向客人介绍这些数字，几个作为主景的海子的深度我至今还大体记得。火花海、犀牛海、镜海都是 20 多米；熊猫海 40 米；五花海最浅，也有 13 米；孔雀河道上栈桥下的河道，一般人都说只有两三米深，实测将近 10 米。最深的是长海，已测得的最深处达 103 米，靠近北端堤埂处 80 多米。小溪似的芦苇海，看似极浅，竟然深达 8 米以上。当时测得五彩池的数据是 8 米，但这里水位起落很大，我一直没有使用这个数字。

"俱往矣"，这都是九寨沟开发建设初期的往事了。回想起那些为九寨沟的事业含辛茹苦废寝忘食的同事，那些热情为九寨沟景点取名的友人，我仍然满怀感激之情，实在是"感慨系之"也。

晴看海子雨看山
冬观冰瀑春赏雪

朱畅中教授早年来九寨沟时就说："黄山归来不看山，九寨归来不看水"。到九寨沟自然是为了看海子。九寨沟水的盈枯与别处大不相同。四五月份，成都平原到长江出海口到处春雨绵绵，桃花水发，江河满盈。而这时却是九寨沟水最枯的季节，则查洼沟断流，所有的海子水面降至最低，露出高高的驳岸线。这时的水色反倒蓝得近乎黑色。到得初冬，黄河长江降到最枯水位，九寨沟海子却进入丰水期，水色宝蓝，鲜丽明艳。九寨沟的降水虽集中在夏季，但山地植被浓密，林下深厚的地衣苔藓蓄集了大部分雨水，直到秋冬才慢慢浸出。这不但使海子枯盈有序，且水质特别清澈。

海子的美无需我再唠叨。我要说的是，阳光是色彩的魔术师，当然要晴天才能充分领略海子的魅力，所谓"晴看海子"是也。但如果你到九寨沟正遇小雨淅沥，也不必惆怅，因为你可去看晴日难以见到的雾中山景。

刚进入细雨中的九寨沟，你不要急急忙忙赶路，除了低头看水，还要抬头望山。由近及远，在云雾缭绕中，山势的层次格外清晰。"幽林一夜雨，洗出万山青"，是古人雨中赏

五花海边的"水下森林"。张玉强摄。

景的金玉良言。素日墨绿的松树，被雨水洗涤得青翠欲滴，各种阔叶林和杂灌木的叶色浓淡各异，单是这个"绿"，层次就丰富之极，它能洗尽你胸中的凡尘，看得你心醉。更不能忽略的是从雾霭里露出的山峦，有的刀砍斧劈，峥嵘凌厉；有的只见一团浓绿，圆润可人；有的像巨舰的船艏破浪而出；有的亭亭玉立，恰似披了薄纱的仙女；远处云端浮现出的，是蓬莱一样的仙山。你不妨展开幻想的双翅，翱翔于群峰之上，神游于山水之间。

过了五花海，当听见高瀑布的轰鸣时，你且驻足眺望。瀑布响处，两山对峙。峡谷间的浓雾是绝佳的背景，把两边的山体衬托得轮廓分明。相距不足百尺的峭壁耸然矗立，直插霄汉，形成"一夫当关万夫莫开"的险隘。你就是在剑门关，也不能见到这么险峻的雄关，你会以为李白"蜀道之难，难于上青天"的千古绝唱是在这里吟成的。

你再勇往直前，在芳草湖仰望剑崖。云遮雾绕中，孤峰如剑，剑尖在绝高处的薄云里忽隐忽现。你弃车步行，边走边看。藏马龙里宽阔的平地四周，座座峰峦从雾霭中渐次显现，或秀丽，或峥嵘，随着云流飘飘欲动。著名的风景专家、被风景界同仁称为"四川风景区保姆"的钱振越先生见到这里的雨中山景，举起双臂大呼："谁说九寨沟只有水好，这里的山景简直堪与黄山媲美。"如果你有幸雨天来游，请千万别错过了欣赏九寨沟山景的好机会。

隆冬时节，不少游人从老远的南方到九寨沟赏雪，但那时让你魂悸魄动的不是雪景，而是冰瀑。

这时的瀑布不再喧嚣，往日磅礴而下的瀑流早被严寒冻结成冰柱。

九寨沟沿主游道可以看到的，有树正、诺日朗、珍珠滩和高瀑布四个大冰瀑。树正瀑布只能在斜坡上远观。高瀑布山高谷深，冬日常处于两山的阴影之中，受不到阳光直射。诺日朗和珍珠滩才是看冰瀑的最好所在。

远眺藏马龙里。
张玉强摄。

上左：珍珠滩冰瀑。　下左：春雪小溪。题《春之序曲》：　上右：春雪银桦。题《银桦》：

下右：诺日朗冰瀑。　　七九春老矣，兀自不肯去，　　　张旭草 李白诗，公孙酒酣仗剑时，

　　　　　　　　　　　松泉重雪下，潺潺鸣春曲。　　　只为恣意不中矩，空在深山弄舞姿。

　　九寨沟的冬季几乎都是晴日，蓝天一碧如洗，纤尘不染。墨绿的衫林，将冰瀑衬映得晶莹透亮。老远就能看见宽达两三百米的冰瀑展现在你眼前。你的第一印象当然是"啊，冰瀑果真洁白如玉。"请你不要就此满足。需得在上午十点以前，循小路走到瀑布近处，阳光从侧面照射到冰瀑上，或明或暗，各个冰柱的种种形态凸现出来，有长须的寿星，有擎天的玉柱，有活泼的玉兔，有剔透的天宫……随你的想像变化莫测，千姿百态。受侧光照射，冰柱显现出亮白、微黄、浅蓝直至深紫各种色彩，个个闪烁不定，幻化成道道霞光，使人眼花缭乱，心驰神醉。别说只以造型取胜的冰雕，就是俄罗斯童话里鬼斧神工的冬宫，也没有这样的气象万千。

　　赏雪却要在冬末。九寨沟的"冬末"，是指江南莺飞草长的"阳春三月"也。冬天的雪，粒细质干，如粉似沙。雪落下来，都铺在林下，树冠上即使少有残留，微风过处，扫荡一尽，看到的依然是墨绿的丛林。

　　惟有初春的雪，滋润黏结，呈片片雪花。"燕山雪花大如席"，我想那也当是初春才得如此。雪片纷纷扬扬，洒落在岗峦上、树冠上、寨房的塌板上、栈桥上，把个九寨沟打扮得银妆素裹。到这时来赏雪，你定会目不暇顾，不断按动相机快门，忙得不亦乐乎；堆雪人，打雪仗，开怀尖叫，累得你气喘吁吁。雪景令你沉醉，冷冽的寒风又来唤你清醒；但你终究如痴如醉，欲罢不能，直到夜幕即将降临才尽兴而归。

　　至于海子，当然是美不胜收，叙之不尽。见仁见智，各人的兴致也不尽相同。我想提醒各位的是，到火花海要看火花和泉华结成的小岛；到双龙海要看水底钙质结成的水下蛟龙，龙头上还有虬曲的长角；到老虎海请你注意北岸一湾杨树，墨色的主干线条灵动窈窕，婀娜多姿，那活脱脱是一幅丹青高手的泼墨山水图。你还不要忘了去熊猫海观鱼，到天鹅海看草，在树正群海细赏叠瀑，在栈桥上看红柳鲜红的长

根在清流里飘动，进鹰爪洞探寻恐龙遗迹……

关于九寨沟怎样赏景的话题，似乎还可以无休无止地罗嗦下去。因为九寨沟的美景哪里是说得完的，真是欲说还休，还是就到此打住吧。

春雪后的树正群海，繁花似锦，这样的景致在严冬里反而不能见到。

晶莹的海 七彩的林

　　九寨沟面积广阔，地形变化大，从沟口到南面最高峰，海拔 2000 ~ 4800 米的山坡上生长着茂密的冷杉、云杉等松科林木，活立木蓄积量达 500 万立方米。大体的分布情况是：河谷生长着种类丰富的杂灌木，海拔 2700 米以下的山地以冷杉为主，其上多为云杉，偏高处兼有落叶松；接近 4000 米处为匍匐型灌木和草甸。植物垂直分布明显、完整。草甸以上至 4500 米以下堆积着松散的崩落碎石，再上面终年积雪，甚至稍低一些的阴山也是积雪难溶，长年冰雪皑皑，成为低海拔地区难得一见的奇异景观。河谷地带的次生林树种极为丰富，大熊猫的主食箭竹自不待说，黄栌、枫树、柞树、椴树、白桦等，四季颜色不同，特别在秋季，七色俱全，使得九寨沟的"彩林"名闻天下。

　　原始森林树下，地衣苔癣积有两三尺厚，我在参加风景资源调查和多次上山巡逻时，踏在看似干燥的苔藓上，身体立刻下陷，苔藓下面的积水浸出，几乎淹至膝部。九寨沟年雨量 700 毫米左右，绝大部分集中在六至八月；但有森林、苔藓，雨水存储，缓慢下浸，直到初冬才成为海子的丰水期。

日则沟深处。张玉强摄。

经过长期的沉淀过滤，进入海子的水纤毫不染，晶莹透明。丰富的植被不但是九寨沟海子不尽的源泉，也为大熊猫、金丝猴、扭角羚、獐子等野生动物提供了良好的栖息场所。

经过长期摸索，我逐渐形成这样的认识：九寨沟不仅具有封闭的、完整的生态环境，而且她本身就是一个有生命的系统。这里的气候特征也很明显，沟外年雨量仅540毫米，而沟内达到760毫米。无论植物系统及其与禽兽鱼类之间，生物链关系完整明晰，而高高在上，居于这个生物链顶端的人类，靠狩猎、畜牧、农耕为生的当地居民对九寨沟山水的依赖自不必说，藉以招徕给九寨沟带来丰厚收益的游客的，也是这里的山山水水。万千年来，这个系统累招损创，凭着自身顽强的生命力，又累次自我修复。九寨沟的本土文化，也是在这样的环境中形成和发展起来的。我们对九寨沟，不仅要爱惜她，保护她，而且应当把她当成有生命的系统，像对待母亲那样地尊重她。当然，我的认识还十分肤浅，我的这个命题是否合于严格意义上的现代科学理论我也并无把握，但我真诚地希望我的同事都能这样对待九寨沟。我曾为此写过一些短文，其中一篇以邓一、田树昌、张国威三人署名刊于《四川科技报》1980年11月20日第二版，在培训班，这也是我讲课的主要内容。文字不长，录之于后。

从九寨沟海子看生态平衡

南坪县九寨沟以海子优美著称。三十多公里长的山沟里有一百多个海子。这些海子水质清冽，水下游鱼历历可数。在阳光下，四五十米深的海底景物清晰可辨，水波将阳光折射成的一轮轮光晕映在水底，看起来如在眼前。水质这样洁净，水色反倒格外浓艳。到九寨沟的画家看了海子无不为之倾倒，骚人墨客用

"大自然的骄子"、"童话世界"乃至"仙境"这样雍
容华丽的辞藻来赞美她。的确，九寨沟的海子堪称世
间一绝。

九寨沟海子之所以这样清冽，并久葆青春，植被
的完整起了极为重要的作用。

这里山高谷深、地质结构松散，陡峻的斜坡上堆
积着大量的石块泥沙，具备泥石流发育的良好条件。
正是因为原始森林茂密，林下又铺满了一两尺厚的苔
藓，才制止了水土流失，使千百年来海子免于淤积。

1969年，九寨沟原始森林遭到采伐，十多年来采
伐迹地占总面积的比例不算太大，即使这样，在这样
短暂的时间里，九寨沟的植被、土壤、水质、水量，
乃至生物结构等方面已经起了一系列变化。次生杂灌
木或箭竹代替了原始森林，有些山坡被剃了光头以
后，野草、灌木至今仍很稀疏；长海下面原始森林中

原来生长着"活化石"星叶草和独叶草，森林被采伐后，现已再难寻觅；更有甚者，是人工串坡集材的沟壑与集材拖拉机的便道，树草俱无，连两三尺的表土也被刮去，看后真叫人痛心。植被和土层的破坏引起了地表水的变化。长达十五里的长海，平均水位下降了三四米。下面不远，被誉为九寨沟最佳奇景的五彩池，因为四周原始森林被大量砍伐，水面也大幅度下降，只有雨季才能勉强一现"年轻"时的风姿。则查洼沟的水以前从不浑浊，近来每遇暴雨，水量很快增加，夹带着泥沙、石粒注入下游海子；而旱季水量却又比60年代减少一半左右。日则沟里的海子在大雨之后，右侧山上采伐迹地冲下的大量泥沙，把明洁深蓝的数百万立方海子水变成灰蓝甚至浑黄。靠近伐区的一些海子，进水口处泥沙沉淀明显增加，长满水草

天鹅海秋色。张玉强摄。

的浅滩从海子头向下延伸，加速了海子老化。最明净的是镜海，近五年内海子头的草滩延伸了近一百米。

地被情况的变化引起了整个生物链的变化。森林减少使得隐蔽条件变劣，长海附近森林里原有的星叶草和独叶草，是第四纪冰川期留下的珍稀植物，现在已经绝迹；森林减少，还影响到熊猫的生活，近两年熊猫已很少到林场及各工段附近活动。海子里鱼类减少了十之八九，野鸭、水獭也在锐减，天鹅、鸳鸯也很少再到这里栖息，使九寨沟风光逊色不少。

国务院将九寨沟划为自然保护区，森工部门和社队林场大体停止了采伐，但上述变化不可能立即停止。为了促进林地更新，加速九寨沟科研基地的建设，我们建议有关部门及时给九寨沟增加经费，配足人员，加强技术指导。如果九寨沟还要作为风景区对外开放，则更需及早决定，落实体制，明确隶属关系，做好规划，抓紧建设。西南高山林区应实行以水源涵养为主，木材利用为辅，发展多种效益的经营方针，保护自然生态，造福子孙后代。

长海龙影　九寨龙吟

　　九寨沟方圆六百多平方公里。巍巍雪山，莽莽森林，深不见底的海子，不知废弃了多少年的迷宫似的庙宇，到处都弥漫着神秘的气息。在古老的藏族村寨中流传着数不清的神奇传说。

　　一百多个海子中，长海最大，纵长七公里，宽处近八百米。它隐藏在九寨沟最深处，因而也最神秘。除了偶尔有老猎人来此地侦察野兽的行踪，平时绝无人迹。无论谁到这里，都须悄无声息，绝对肃静。要是有人大声喧哗，明朗的天空会立即阴云四合，接着一阵霹雳闪电，轻则轰倒树木，重则将"得罪山神"的人击毙。长海因而成了令人敬畏的禁区。与它紧邻的五彩池则是法力无边的"神池"，方圆三五百里内每遇天旱，人们就会结队到这里献牺牲，烧柏桠，顶礼膜拜，取水求雨。据说极为灵验，有求必应。

　　五彩池的神力我没有验证过，但长海怪诞的脾气我是深信不疑的。

　　南坪县林业局前局长阳本荣先生在长海就有过离奇的经历。

未结冰时的熊
猫海。早春时，
您可能在这里
听到震天撼地
的"九寨龙吟"。
张玉强摄。

在建立伐木场之前的上个世纪 60 年代初，九寨沟还是
人迹罕至的世外桃源。盛夏期间，阳本荣一行进沟作森林普
查。那天完成长海林区的调查后，就在海子边搭起帐篷准备
宿营。

太阳还挂在西边的雪山上，普查队的人在帐篷里"悄悄"
地准备晚饭。突然狂风呼啸，阴云四合，电闪雷鸣。霎时间
暴雨哗啦啦泼将下来。四野浑沌一片，帐篷里更黑得伸手不
见五指。想来是因为有人在这里宿营，长海突然"发作"起来。
大家悚然呆坐，不敢出声，暗自祈祷不要发生更大的灾祸。

阳本荣不时从篷布缝里伸头观望天气。忽地一道闪电把
山谷照得通亮，只见海子当中出现了一个黝黑的庞然大物。
那怪物头上高高地擎着巨大的犄角，正不慌不忙地向这边游
来；连续的闪电映照出怪物游动时身后涌起的层层浪花。随
着一道亮极的闪电，一声炸雷震耳欲聋，显现出更为令人骇
异的景象：怪物的犄角之下竟然闪出刺目的强光——不消说
那是怪物的眼睛在向这边探视。阳本荣心胆俱裂，小声叫同

事们都来观察：那是什么动物？它会游过来吗？它会爬上岸吗？它会到帐篷来伤人吗？它会……

　　暴风雨过去了。海面复归平静。天色漆黑，大家不敢再生升火做饭，都悄无声息地躲进了被窝。那惊心动魄的一幕萦绕心间，让人无法入睡。惊恐中好不容易熬到天明，全队仓促撤回基地。多年以后，阳本荣先生在诺日朗给我们讲述那段经历时，还是脸色青暗，呼吸急促，心有余悸。

　　我从树正、则查洼的藏民那里也多次听到过内容相近的叙述，阳本荣的亲身经历更印证了他们的传说，使他们更加深信长海里确有他们祖先就曾见过的黑龙，这也是我在长海边临时杜撰老英雄格波斩黑龙救少女的传说的一点"依据"。

　　和长海龙影同样富于神奇色彩的，是九寨龙吟。

　　人们常说"虎啸龙吟"。不少人在动物园听到过虎啸，但这世间有谁听见过"龙吟"，除我和那三个同伴之外？

　　1984年雨水节前后，川西平原已是"七九六十三，行人把衣担"的早春天气，而九寨沟仍是隆冬。镜海岸边积雪盈尺，去日则沟的公路已经断绝两个月了。那天上午艳阳高照，蓝天一碧如洗，我、两位年轻同事和县委派来九寨沟慰问职工的毛素章等一行四人，步行去日则，给坚守在那里的护林员王友才同志送去给养。我们往回走到熊猫海时，已是下午三点多钟了。

　　九寨沟的冬季虽然很冷，但湖面整个冻结的海子只有两个：长海和熊猫海。这时熊猫海的冰层还有两尺来厚，只在海子上游流水冲入的地方，有一小块没有结冰。冰面长近两里，宽逾百米，在阳光下晶莹剔透，白里显蓝。两个年轻同事忍不住跑到冰上跌跌撞撞地溜起冰来。

　　九寨沟一过亭午，就起山风。那天的下河风特别强劲，吹得我和小毛直打哆嗦，而那两个年轻人在冰面上玩兴正浓，我不忍叫他们立刻就走，只好蜷缩在海子边等待。就在这时，不知从哪里传来一声呼啸，低沉而悠长。我引颈细听，又没

了声音。以前看柯南道尔笔下的《巴斯克维尔猎犬》，以为那犬吠定是世界上最恐怖的声音了，而我现在听到的声响比它不知要强劲、可怕多少倍。滑冰的小伙儿如飞地奔上岸来，嘴唇哆嗦着说：你听，啥在响，连脚下的冰层都在抖动呢。

我从周围没看出什么异象，只有对面阴山边冷杉树上的积雪还在刷刷地往下掉，于是叫大家继续静听。不一会儿，果然响声又起，由低沉而逐渐高昂，远比刚才更加响亮，我能明显地感到大地在脚下颤抖。更不可思议的是，湖上厚逾两尺的冰面，竟然发出喳喳的迸裂声。这是什么声响，如此怪异且竟有这般巨大的能量？以前被自己嘲笑过的种种关于黑龙、怪兽的传说，一下子全涌上心头：这难道就是那神秘莫测的黑龙在长啸？我们面无人色，腿脚不由自主地随之颤抖。我们不知所措，悚惧地等待着那不知何等可怕的危险出现。

声响时断时续，不知过了多久，才逐渐沉寂。我们商议是赶快逃离此地呢，还是留下来探查这千古之谜。小伙子们缓过了劲儿，都不愿一走了之，于是选了一个山势较缓视野开阔的高地，坐下来静观其变。

一阵山风袭来，夹带着树梢的积雪，钻进衣领、袖口，寒透骨髓。忽然龙吟又起，时强时弱，时高时低；地还在抖，冰还在裂，但我们这时已镇静下来，眼睛敢于搜索，脑子也能思考了。我们两手张在耳后，向各方"探测"多时，终于发现"龙吟"响起和收声，似乎都在海子上游附近。小毛叫两个年轻同事原地等待，拉了我一起向海子头搜寻。刚接近海子上游，陡然，一声更强劲的龙吟就在身前响起，随之一阵疾劲的山风吹得我们直打趔趄。我鼓足勇气使出了最大的"定力"才没有立即转身逃走。等头上身上的悸栗消散之后，我们硬着头皮互相搀扶着再往前走。

毛素章胆大眼明，他发现海子头没结冰处，水面并没有与冰面连接，有一个直径三十多米的空洞，水面低于冰面

隔海远望沃诺
色莫岩画像全
景。张玉强摄

三四米。这冰面在去年冬天形成后，已成为一层坚固的冰盖，
与两岸的岩壁结成一体；入冬以后水源渐枯，水面下降，冰
面并不随之沉塌，两者之间便形成了巨大的空腔。我猛然醒
悟：山风从海子头的冰洞刮过，引起腔内空气猛烈振动，于
是发出巨大声响；厚实的冰盖如同硕大无朋的共振箱发出共
鸣，夹湖而峙的高山又使音波在峡谷内反复激荡。这就是龙
吟，震天动地撼树裂冰，高亢激越又低徊婉转，人人向往却
无缘聆听的神奇的九寨龙吟！

　　九寨沟是一个由雪山、森林、海子、瀑布、熊猫、天鹅，
连同蓝天、白云、山风、雷雨一起组成的有生命的整体。她
也有喜怒哀乐，也会歌唱咏吟，我们今天听到了她发自内心
的呼啸，那是她在抒发胸中的豪情。

　　我终于没看见长海的黑龙，但听见了惊世骇俗的九寨龙
吟，真是"幸甚至哉"，该当"歌以咏之"——就凭这，也
不枉在九寨沟舍生忘死的一番拼搏。

董尕 白熊 大熊猫

　　九寨沟除了以风景优美名闻天下，还有另一笔宝贵财富——大熊猫及其他珍稀动植物。在 1982 年建立风景名胜区以前，九寨沟已经是国家级的大熊猫保护区了。

　　1978 年秋，我和树昌为了解九寨沟的风景资源情况，在诺日朗住了一个月，与林场师傅和藏民朝夕相处，听到许多关于大熊猫的趣闻。

　　林场的日则工段，处在人迹罕至的深沟中。有天中午，一位没上青山的师傅正在空空荡荡的食堂买馒头。他感到有人在背后推挤，就说，莫挤莫挤，马上就轮到你了。但后面还在推他的后臀。他回头看不到人，低头却见到一头老大的熊猫。他吓了一跳，但熊猫似乎毫无恶意，只死死地盯着他手里的馒头。他把一个馒头扔给熊猫，赶快跑出门外。回头再看，熊猫已经吃完了馒头，趔趔趄趄跟他走了出来。在宽大的院坝里，熊猫追上了他，他只好把剩下的馒头都给了熊猫。这时，没上山的人都出来看稀奇。有胆大的小伙子送来馒头，还蘸了白糖，熊猫坐下来旁若无人地吃得更欢，然后慢悠悠地踱出大门，到小溪喝水去了。

　　熊猫与伐木工人一直和睦相处，在箭竹死亡和大雪封山期间，熊猫来工段讨吃的事不止三两次。工人们也很欢迎熊猫前来"共同进餐"。

　　上个世纪 70 年代初，林场常放"坝坝电影"，是九寨沟社员难得一饱眼福的机会。从则查洼到日则 30 里山路，要走 3 个小时。队里提前收工，走路的，骑马的，都急急忙忙往日则赶。后来有了拖拉机，就方便多了。

　　那天看完电影，大伙儿在拖斗里挤得一锅粥似的，颠得七上八下，还高兴地说笑唱歌。突然，机手来了个急刹车，差点把人甩下车来。原来有一头大熊猫——当地藏民叫做"董尕"的，正端端地坐在公路中间，傻呼呼地望着通亮的车灯发呆。大伙儿一阵欢呼，从车上跳下来把熊猫往路边轰。熊

这头硕壮的公熊猫为争夺交配权，在搏斗中从熊猫海边的高崖上摔下来。请来县兽医站和人民医院的大夫，抢救无效。或者从中可以见到熊猫对"爱情"的执著。

原日则林场对面的山坡，30 年前被砍伐得一片狼藉，现在已经恢复成茂密的针阔叶混交林。张玉强摄。

猫望着车灯发愣，就是不动窝。这条林区公路一边临河，一边是一人高的堡坎。司机很灵醒，把车头转向路边，车灯照亮了边坡，熊猫这才转过身去，爬起来慢慢走到被灯光照得雪亮的堡坎下，想要爬过去，可是怎么也爬不上去。几个胆大的小伙儿干脆上前用力托住它的后臀往上推，把它推过了堡坎，看着熊猫进了树林，大伙儿才在欢笑声中上车回家。

熊猫平时就很耐饥，冬天入蛰（当地人叫做入塵）以后，几个月都能靠消耗体内积累的脂肪生存；熊猫也很耐渴，可以好几天才下山喝一次水。

我在好几个山村都听说过熊猫醉水的故事。熊猫渴极了，下山到小溪喝水。它看见水里自己的影子以为是一个伙伴。看见伙伴在喝，它也不停地喝。伙伴不走，它就一直喝下去。喝呀喝呀，直喝得肚子滚圆，才依依不舍地往回走。走了不远，

"九寨彩林"确实比"九寨红叶"更能表现九寨沟金秋之美。您能数出这片彩林有多少种颜色吗？张玉强摄。

听见小溪里潺潺的水声，忍不住又回头走到水边，低下头时又看见伙伴还在喝水，于是又喝起来。这样来回几次，不但肚子胀得滚圆，而且脑袋也晕乎乎的，就像人喝多了烈酒，最后倒在草丛里，一直睡到第二天，清醒过来才上山去。

上个世纪50年代中期我就听到过白熊的传说。那时我在离松潘县城360里的白羊乡参加"民主改革"。去白羊乡要翻越海拔4000多米的桦子岭，走200多里连骡子和驴都过不去的羊肠小道。其间百余里地没有人烟，政府特地每隔二三十里安排一家猎户居住，以便让过往行人夜里有个躲避豺狼的栖身之处。投宿猎户家，入夜就听老猎手讲大山里才有的种种趣事。

白羊乡雷打坪至长五间一带的山上，有白熊。说起打猎的危险程度，猎手们都说是"一猪二熊三老虎"，猎熊比打虎还难。白熊最厉害的不是用嘴咬人，而是横起前掌搨将过来。这一掌力大无穷，加上长而锐利的爪子，能一掌洞穿了牯牛的肚腹。老店子的吴老爹年轻时打过一头200多斤的白熊，熊皮还铺在几根原木搭成的所谓"床"上，可惜毛已褪尽，皮色也早成了黝黑，根本分辨不出原来的毛色了。吴老爹还说白熊的牙齿特别坚硬，除了吃庄稼和青杠籽，还吃羊和一些小动物。

有一个傍晚，吴老爹从山上回窝棚，看见棚子被掀翻了，鼎锅里的饭被偷吃一光，鼎锅盖不翼而飞。又有一次他回到窝棚附近时，听见谁在砸他的锅盖，仔细观望，只见一头巨大的白熊拿着铁锅盖当大饼吃，嚼得铿然有声，吓得他连大气都不敢出，更别说开枪了。

以后在南坪勿角乡卡子的文县沟牧场也听过内容完全相同的故事。这里与著名的王朗大熊猫保护区相连，常有白熊出入。当时我曾想，或者在熊猫以外，这里真的还有另一种白熊。这个疑团，直到多年以后才得以解开。

我在九寨沟从事保护工作多年，有一次讨论用什么办法

可以把熊猫引出竹林，以便调查数量和人工补饲。与九寨沟相连的白河保护区最有经验的"林中猴王"唐国顺说，你们都说熊猫只能吃素，其实不然，它最爱吃的是羊肉和一些小动物。没风的早晚，在山沟里烧起火堆，里面放些羊骨头，烧骨头的香气散开去，熊猫闻到了就会找到火堆近旁来。

或许是因为九寨沟谷深沟长山风太强，烧了几大堆带羊骨的篝火却没有什么效果。但唐师傅的建议却证实了当年吴老爹的说法：白熊就是大熊猫；大熊猫并非单吃竹叶萝卜的素食主义者。

大熊猫不但吃荤腥，它的性情也不总是一般人所说的那样温柔驯善。上个世纪 80 年代九寨沟停止伐木以后，许多伐后迹地长出了茂密的箭竹。九寨沟管理处和当地藏民共同努力，沟内禁绝了狩猎活动，熊猫的生存环境有很大改善。和万物之灵的人类一样，食物足身体壮之后，也会演出许多全武行的"风流韵事"来。

1984 年 5 月下旬，保护人员在熊猫海边的峭壁下发现一头死了的大熊猫。我当即赶到现场，和同行们对熊猫做了初步检查。这头大熊猫是雄性，说得上膘肥体壮，除了外伤，没发现其他异常。运回诺日朗时，县医院的抢救组也已到达。医生们仔细检查后，结论是没有病症，很可能是斗殴时从悬崖上跌下来摔死的。20 多天后，在犀牛海头又发现一头同样硕壮的公熊猫卧在水边，已经奄奄一息。抢救组的方医生等很快赶到，检查后没发现什么病变，只是看到它身上有多处被抓咬的伤痕，且外伤严重，最终抢救无效，一命呜呼。结论还是：斗殴致死。

谁会和一向以温驯"誉满天下"的熊猫过不去，如此猛抓狠咬甚至将它推下悬崖呢？九寨沟已经没有老虎豹子之类的肉食猛兽，但如果不是这些猛兽，谁有足够的力量能把肥硕壮实的公熊猫置于死地呢？这真是个神秘难解的问题。但懂得动物学基本常识的人，做了一番考察和思索之后，便能

芦苇海秋色。张玉强摄、

明白，这是熊猫繁殖季节，公熊猫之间为保存种性的纯正和后代的强壮而作殊死搏斗的结果。成年雄性要取得交配权，必须经过"优胜劣汰"的激烈竞争，这两只公熊猫在争当配种"猫选"时，被更强壮的"选手"重伤致死，如此而已。顺便提一句，大熊猫属于哺乳纲猫熊科。有学者曾指出，大熊猫的正名是"猫熊"，在最早介绍猫熊的名牌上，按旧时书写习惯从右向左排列，被观者误读为熊猫，后来以讹传讹，就将它以熊猫为名了。准此，则前述"猫选"当改为"熊选"也。

这说明大熊猫并非一味地温良恭俭让，为了种群的繁衍，或者说为了在雌性面前有上佳表现，它是会舍命相逐的。而且，在个体的生命危急之时，也同样会以性命相搏，施展洞穿牛腹的"掌上功夫"，显示出它在数百万年残酷的生存竞争中赖以保证种群延续的卓越能力，而不会永远是那副老实巴交甚至窝窝囊囊的样子的。

"要得吃好饭，
荞面打搅团"

　　九寨沟县在 1998 年夏改名前叫做南坪县，与甘肃的陇南接壤，是陕南的紧邻。当地民谚"南坪不像甘陕，碧口（与九寨沟县紧邻的甘南商业重镇）不像四川"，是说这里的生活习俗和口音都不同于四川，其饮食与成都的讲究精美、和重庆的一味麻辣也大异其趣。离开生活了 30 多年的九寨沟县，一晃已经 18 年了。三次回去，好友都饷以当地饮食。至今回想起来，还恍若置身于九寨沟的美食和温馨的友情之中。

　　"民以食为天"，这里就从主食说起。

　　"要得吃好饭，荞面打搅团"。搅团已是"好饭"，用荞面打的搅团，当然是更上一层楼了。

　　所谓搅团也者，是用玉米面或是甜荞面做的比拌面饭（重庆人叫做羹羹，北方人叫做糊糊），稠得多的一种耐饥的主食。做法很有讲究，先把不多的水烧开，轻轻把荞面撒在水面，堆成龟背状，然后用筷子向下通些小孔，让沸水从孔中冒出，浸湿上层的荞面。就这样煮一会儿，已浸水和还没有浸水的荞面都受热半熟时，用带叉的树棍快速搅拌。因为面多水

这是扎如沟仅存
的一幢旧寨房，
早已无人居住。
张玉强摄。

少，搅拌起来很费力气。俗话说"要得搅团好，三百六十搅"，
常常搅得人大汗淋漓。

要让搅团黏糯，还得在第一次搅拌之后，再加沸水，煮
一会儿后，再搅；如是者三。这叫做"三锅水的搅团"。

当地有一个传说，说一位挑剔的婆婆要才从外地娶来的
新媳妇做"三锅水的搅团"，结果媳妇做了满满三大锅，闹
了个大笑话。

搅团一般是蘸了"浆水"吃。所谓"浆水"，就是把酸
菜炒一下，掺水做成的汤。有一次，我和县计委的周世荣同
志到永丰"蹲点"，热情的主家就特地做了搅团款待。老周
到九寨沟县比我还早，但极少下乡。上了桌，他见只放了老
大一碗搅团，主人又在不断地"让饭"，他只好把搅团端在
手里，连说"这么多，我咋吃得完啊"。主人提醒他说这是
蘸着吃的。他以为是叫他"站"着吃，连说还是坐着吃好。
把主人笑得前仰后合。

"标准"的吃法是，每人一碗"浆水"，把搅团夹进碗里，
再加上辣椒、韭菜和其他调料食用。

"荞翻山，麦倒拐，玉米面吃了经得甩。"是说吃了荞面能翻山越岭，吃了麦面倒个拐就饿了，吃了玉米面最经得摔打。而无论用荞面或是玉米面，做成"拌面饭"，太稀，不抵饿；做成干饭，容易犯口渴（上山做活要找饮水十分困难）；只有做成这种搅团，既耐饥又不渴，所以被称为"好饭"。荞面作的搅团特别细滑，是为"好饭"中的上品。要是去九寨沟步游赏景或是登山寻找熊猫，最好先找当地农家，请他做一顿搅团给你吃，保准你吃得津津有味，走得虎虎生风，从早到晚不饥不渴。

杂面，九寨沟人读如"茶面"，是一种特别有营养的美味。杂面是用三分之一的黄豆、三分之二的荞籽或小麦，先分别在水磨里粗拉一遍，去皮成瓣，再合在一起细磨，用特细的马尾罗儿筛过，那面就特细而白，赛过当年的富强粉。其中三分之一的黄豆面，营养价值自然比现今的泰国紫米加拿大白面好得远了。

如今，扎如沟的藏民都已从原来破旧的寨房迁入新居，做饭取暖都用电，这是新居之一。张玉强摄。

把杂面粉变成细如发丝的面条，那是九寨沟人的绝活。按旧习俗，未婚女子——当地叫做"丫头"——如果没有擀杂面的好手艺，是很难找到好婆家的。说杂面条"细如发丝"，或许有点儿夸张，但不能粗过纳鞋底的麻线是确定无疑的。我下决心学过多次，总没学会，只白白的糟蹋了上好的杂面粉。

杂面条的做法是：先将杂面粉和水揉好，擀成仅有纸厚的一大张面皮，然后叠成S状，用足有二尺长的切刀切细，撒上"扑面"，抓起一端只轻轻一抖，一把银白的细丝就直垂到地面，不粘不断。

下杂面同样有讲究。将杂面条放入沸水中后，不能有丝毫的搅动，要慢慢加入"浆水"。浆水少了，杂面条太嫩，甚至会溶化成一锅豆汁儿；浆水太多，杂面条则太老，味同木渣。与作豆腐放卤水一样，这道工序叫做"点浆水"，完全凭经验老到才能做出嫩而柔韧的杂面条来。在面汤中预先放些大米、洋芋块儿煮熟，杂面的味道会更加鲜美。

吃杂面的调料通常以加蒜泥的红油为主，如果将才从地里摘回的青椒剁细，加上葱花、韭菜、蒜泥，用烫油一淋，代替红油，则更加地道。

甘肃、山西也有吃杂面的，而九寨沟的杂面特别好吃，堪称九寨沟一宝。以前在夏天麦收最忙、最热时，必以杂面招待来帮忙割麦、打场的远亲近邻，清热解暑。生了小孩儿，用杂面下奶更是百试不爽。九寨沟风景管理局自建立至今，一直把杂面作为招待最显贵客人的"保留节目"，每次都受到热烈称赞。

喜欢吃酸的人很多，如山西人爱吃醋，甘肃、陕西的人多吃酸菜。但也有喜爱吃碱味的。1955年我去川南的沐川县参加试办初级社，在离县城不远的白云村住了近半年。那里家家户户都把玉米粒儿用石灰水浸泡几天后，拿到水井边漂

原始森林

Promival
Forest

The Primive Forest, elevation 3,060 meters, cons-
ists from 10 centimeters thick, rhododendron, honey-
suckle, arrow bamboo, and 540 hectares of virgin
conifer, fir, and dragon spruce forest.

九寨沟原始森林步游区。张玉强摄。

洗，用手使劲儿搓去粗皮，然后磨细了吃。开初我吃不来那股子涩味，日子长了也就习惯了。等我参加土壤普查，才发现那里土壤和地表水的PH值竟在3.5～5.5之间，酸性很强。当地人吃浸过石灰水的玉米大概是用以中和水中的酸性吧。

或许是因为九寨沟的水偏碱，这里的人爱吃酸菜简直到了上瘾的程度，可以说是家家必备，每天必吃，连夏天解渴喝的也是酸浆水。说他们离了酸菜就吃不饱饭，一点儿也不夸张。最好的饭食如杂面、搅团，都离不开酸浆水。用酸菜当调料还能做出许许多多美味佳肴来。我和家人至今感冒了还用放了辣椒的酸菜面发汗，常有立竿见影的效果。

过了夏至，在坡度较缓的杂灌木林地里，到处在烧荒，真是"家家放火，处处冒烟"。烧荒地（当地叫"铲火地"）里积有厚厚的火灰，种的圆根长得大、味道好。圆根是十字花科植物，和苤蓝相似，一个老大的扁圆块茎，比苤蓝大得多，做出的酸菜特别酸、香、嫩、脆。我曾用多种方法来烹制圆根，炒、烩或是凉拌，总也去不掉那强烈的辛辣味，看来它天生就是专作酸菜的料。

霜降前后，圆根叶片经霜变黄时，就到收获的季节了。这时家家户户把圆根收回家来，去叶，淘净，用自制的礤床儿擦成长片。于是河沿沟畔挤满了淘洗圆根片的丫头媳妇们，她们叽叽喳喳的说笑声和高亢入云的山歌声，使素来沉寂的山沟洋溢着比过年还热烈的喜庆气氛。

把圆根片煮熟后，装入大木桶，每装一层，要撒一些玉米面。装满了，最上层还得浇上"酸菜母汁"，也就是前一批酸菜的浆水，再撒一层玉米面。加上木盖后，上面还得压上大石头。半月以后，开始发酸，可以启用；两月以后，酸度大增，浸出的酸水黏得可以牵成很长的细丝，"酸香"扑鼻，使人嗅之垂涎欲滴。这酸菜不用盐渍，却可以存放到第二年春天，不腐不坏。虽不像山西人以谁家存醋多少来判定贫富，但九寨沟人也常以某户酸菜的多少和质量的高低，当作评价

主妇贤能与否的重要依据。

除非圆根酸菜告罄或是为了改变一下口味，他们很少用其他的材料制作酸菜。主要的代用品是莲花白，质地较粗，酸中带甜，味道大不如圆根。而用叶儿花、空筒菜、凉刺颠儿这些野菜作的酸菜，倒是特别清香，别有一番风味，只是不易采集。

我回重庆后，九寨沟的朋友先后三次远道送来晾晒得"嘎巴脆"的干酸菜，使我对九寨沟——我的第二故乡的思念之情如原汁浆水，愈来愈浓，且与日俱增。

饮茶是中华的传统文化之一，茶道、茶艺、茶技，纷繁复杂。

九寨沟县的五千多平方公里土地上，住着藏、汉、回、羌几族居民，也都爱饮茶，且各有特色。草地牧场爱奶茶，高山村寨常年喝"大茶"——也叫马茶的带杆的粗茶，稍讲究一点儿的喝砖茶，逢年过节打酥油茶，城里斯文人饮花茶，近郊农民多喝沱茶。我这里单只介绍最有味道的熬茶。

熬茶的茶罐是铜制的，高不及四寸，径不过一拳，口小底大。在火塘边烧热了，把切成指头大小的肥腊肉条炼出油来，放入细茶稍加煎炒，加水，文火慢熬。茶叶几乎占据了茶罐的整个儿容积，每次只能滗出一小酒杯浓黑黏稠的茶汁。"头盅垢甲二盅茶"，讲究的饮法，是不饮有茶渣泡沫的第一盅，滗出来后，加水另行熬制。

茶叶虽用油煎炒过，但茶汁里见不到油星，却有特浓的香气。放了盐，则味道远胜鸡汁鱼汤。我曾在灌县省茶叶研究所学习经年，还当过种植茶树的技术指导，也没有想到茶叶能制成如此美味的浓汤。或许这是因为茶叶中含有多种氨基酸的缘故，汤汁才能如此鲜美。有的人只喝不加盐的清茶，但"老茶友"说还是加盐的好。有"专用"民谚阐述这层道理："走通天下的钱，真心实意的盐"；"人没钱是鬼，茶没盐是水"。

真是言简意赅，一语中的。

这种喝茶的方式，也流行于甘南文县一带较富裕的人家。小小茶罐，一年能把一两头猪的肥腊肉都"熬"进去。九寨沟县原是大烟产区，解放后厉行禁烟，不少烟民只好多饮浓茶聊当刺激；加之生活改善，熬茶竟一度大为普及。困难年间买不到细茶，连砖茶也成了稀罕之物，腊肉更几近绝迹，这熬茶之道自然成了深藏于中老年人回忆中的"珍品"了。我喝了几次，虽大都没有放油，是真正的"素茶"，但味道仍极浓郁，喝过以后，上山伐木、背柴，挖土、扶犁，不渴不累。有一次我空着肚子喝了熬茶，原以为能解乏压饥，哪知竟然瘪肠刮肚，头晕手抖，像醉了酒。赶快吃饱了饭，才得以恢复。由此我悟出一个道理：和所有"高档享受"一样，还是要先填饱了肚皮才可以言说，如果一味地穷讲究，则后果大抵皆不妙也。

面貌一新的树正寨。
张玉强摄。

十年前的九寨沟口，各式小型旅店错杂拥挤，后来被全部拆除，建成长达一千米的"边边街"，背依青山，面临清流，无论购物、进餐、散步、赏景，都是无上的享受。张玉强摄。

洋芋糍粑算得上九寨沟食品的一绝。

九寨沟阳光充足，日夜温差大，有利于植物积存养分，所以这里的洋芋长得特别大。据好友唐农说，他小时随父辈上山背洋芋不用背篼装，将几个又长又大的洋芋用绳直接兜在背后，就足够他背了。高山洋芋特别饱满。一经蒸煮，都如馒头一样绽开老大的裂口，吃起来又香又糯。这种洋芋最特别的，是可以用来砸糍粑。

砸糍粑要选大个儿临洮洋芋（特大且长的马洋芋和紫皮洋芋不及临洮洋芋滋糯）将其洗净，蒸熟，去皮，晾冷待用。这里没有石碓窝，砸糍粑用的是一段原木刳制的木槽和带有弯头的足足四尺长的大木椎。先把槽里的洋芋压碎，舂时慢慢加力。洋芋泥愈来愈黏糯，不但要使出吃奶的劲儿砸，每次把木锥从洋芋泥的黏附中拔出来更是费力。最棒的小伙儿砸一槽下来都会浑身淌汗，气喘吁吁。我第一次见到洋芋变成了奶油色的糍粑时，惊奇得不敢相信自己的眼睛。

洋芋糍粑的吃法很多，通常是盛在酸浆水里，加些红油蒜泥或其他调料吃；爱吃甜食的则加上乳白清香的高山药花蜂蜜。也可以把洋芋糍粑分成小团，裹了黄豆面、白糖、芝麻等做成点心。当地有一种油料作物叫荏子，籽儿比芝麻略小，文火炒熟，略为加力碾碎，清香四溢，再加上一点盐，就是绝好的佐料，当地人常说"洋芋糍粑蘸荏子——你啥话都不要说了"，用现在广告的语言来说，就是"哇噻，真正的帝王般的豪华享受"。而这种享受，只能在九寨沟才能得到。

说"九寨沟人善饮"，指的不只是九寨沟人能饮白酒，他们还能用当地特产的原料配制出风味独特的酒来。

九寨沟的青稞酒，是用青稞按内地做醪糟的方法制作的，但酒味和香味远比醪糟浓得多，喝时非常爽口，舒筋活血生津解乏的功能特别明显，后劲儿大。妇女生了小孩儿，吃青稞酒煮鸡蛋，既营养下奶，又通筋络化淤血。惟一的缺点是它的糟没有糯米醪糟细腻化渣。

九寨沟盛产柿子，以永丰乡下寨的最负盛名，现在已成为九寨沟的"县树"。霜降前后，经霜的柿叶红胜枫叶，与满场金黄的玉米串交相辉映，把山乡村寨妆扮成一派火红热烈的丰收景象。买柿人从不用秤称，任捡一百个，保准超过一百斤。

当地把收获柿子叫"下柿子"。机灵的小青年手执前端绑了叉子的长杆，像猴一样地在树上纵来蹿去，用叉子钳了柿子递到树下收拣。但总有不少柿子，特别是长在远端枝头的，会跌到地上，摔得鼻青脸肿。这些带伤的柿子，就是作柿子酒的材料。洗净切碎，装在缸里，加上酒麯，封口。存放半月，清甜醇香的柿子酒就可以启封了。

九寨沟有悠久的养蜂渊源。原来都是旧式养蜂，用一二尺粗的原木对剖两瓣，剜空后又用藤、篾箍紧，是为蜂桶。将之放在房檐下、大树上、岩洞口，招蜂酿蜜。高山蜜蜂多采各种野生药材的花蜜花粉，流蜜量不大，一年只能收取一次。药花蜂蜜营养成份和医药作用都远非一般蜂蜜可比。旧

时的取蜜方式十分落后，甚至可以说是有些野蛮。在晴天的夜深，把蜂桶集中起来，取蜜人用衣物把头脸包裹严实，燃放浓烟把蜜蜂熏跑，然后打开蜂桶，用刀把巢皮（当地叫做蜡扇子）统统割下，连蜜、幼虫、巢皮一起压碎，滤出大部分蜂蜜，再用山泉水反复冲洗蜡渣。最后把这些溶了蜂蜜和大量蛋白质的糖水加麴子封存，不久就成了香醇的蜂蜜酒。

九寨沟的男子汉，除了回族，天生海量，爱的是度数高的白酒。柿子酒和蜂蜜酒的酒精含量都低，是可口且营养极为丰富的饮料，特受小孩和妇女喜爱。其实，这几种酒醇厚香浓，营养丰富，完全有资格登上大雅之堂，作为最具九寨沟特色的饮料拿上宴席。无论老少男女，都可开怀畅饮，恰如著名川派艺人刘德益的名句："纵然过量，也醉而不翻"，宾主皆大欢喜。可惜至今没见九寨沟人把它纳入开发九寨沟旅游产品的计划，更好地开发利用这些特产。

九寨沟风景区入口处的建筑群宏伟壮丽，已远远超过我当年最大胆的设想。张玉强摄。

南坪民歌：
"未成曲调先有情"

　　远在九寨沟风景区成名之前，上个世纪 50 年代，九寨沟的民歌——那时还叫南坪民歌——已经闻名全国了。

　　南坪在四川北沿，与甘肃接壤，邻近陕西；藏汉回羌杂处，所以当地民歌吸取了丰富的音乐营养。更特殊的是这里几乎家家户户都有琵琶，这琵琶多以山中的老椴树制作。椴木致密均匀，不亚于传说中栖凤的焦桐，故而琵琶虽为"土造"，但三根丝弦发出的琴声嘹亮、淳厚。夏秋傍晚的门楼前，数九隆冬的火塘边，琵琶伴着歌声随着晚风，带着炊烟，在寨房上盘旋升腾，直飘上青青的山林，融入彩霞之中。

　　上个世纪 50 年代初，四川音乐学院的师生来南坪采风，为当地民歌的丰富和普及大为惊叹，誉南坪为"琵琶成林歌如海"的民歌之乡，单采集到的曲目就超过百种。他们把这些民歌素材带回成都，汇报演出时，一首由原名《采花》的小调改编成的《盼红军》受到热烈欢迎。四川广播电台反复播放，而且邀请了南坪永乐乡的王玉元、永丰乡的刘召成到成都录制了节目广为介绍。于是，南坪民歌迅速在天府之国各州府县传播开来。

南坪民歌就像"九寨彩林"一样，丰富多彩、脍炙人口。张玉强摄。

后来新民歌被周恩来总理听见了，被定为他出访东南亚各国的保留节目。这一来，南坪民歌登上了大雅之堂，并随之风靡全国。

我第一次听到特地为我唱的民歌，已是将近半个世纪以前的事了。

一个仲春的早晨，天清气朗，惠凤和畅，我和当地的同事小马两个懵懂小伙儿骑马挎枪，匆匆赶往南坪城关。崎岖的山路沿湍急的白水河蜿蜒向南，在岭岗子的巨崖下，马儿离开大路下河饮水，我们只好下马小憩。对岸是大片平展如砥的青稞地，朝阳正从东山投射到刚刚返青的麦地上，麦苗显得青翠欲滴。十几个身着鲜红衣衫的少女站成一排，手执带有长柄的木椎，打碎地里刚解冻的酥脆的土块，这大约就是《诗经》里说的"击壤"吧。她们的身形灵动矫健，活像一群鲜艳的彩蝶飞舞在广袤青翠的大舞台上。这是何等鲜活生动的春之韵律的画面啊。

姑娘们听到我的吆喝，停止打土，手搭凉棚向我眺望。我也高高地举起双手摇晃。她们左肘挂着椎柄，右手屈指贴在耳边，突然唱起歌来。

歌声婉转悠扬，几乎每一个字符都拖着长长的咏叹，音高处穿云裂石，像一丝彩带穿行于青山峻岭之间；低沉时如山间岚气，在青青的麦地上回旋，真让人荡气回肠，为之夺魂。可惜那歌词我一个字也没听懂。问小马，他狡黠地一笑："她们在夸你呢，唱的是白水河边起祥云，小妹爱的读书人，会算账来会写字，人又俏俊又聪明。看来她们要招你做女婿，你赶快回个歌吧。"

我哪里能对歌，只会一面"啊嘛"一面鼓掌，大叫再来一个。

果然，姑娘们又唱起来。这次的节奏短促，声调铿锵，音阶之间的转换不作滑音，都有极短暂的停顿，像颗颗珍珠从喉间迸出。刚唱了两句，小马极快地跨上马背催我上路："可

惜你这样大的个子，却不会唱歌，人家在骂你呢，说你是'一
匹马儿四只蹄，老娘买来儿子骑'，后面还有难听的呢，你
还不快走。"

可我却已如痴如醉，手之舞之，足之蹈之了。姑娘们被
我逗乐了，歌声戛然而止，爆发出一阵大笑。我这才真正领
略了什么叫"银铃般的笑声"。我又拼命鼓掌时，小马跳下
马来，不由分说，连我和坐骑一起拉了就走。我一面向对岸
的姑娘挥手告别一面想：这骂人的歌居然也这样好听，何况
还是特为我唱的呢。

几年后，我到永丰乡下寨蹲点时，已经会唱二三十首民
歌了，而且有幸结识了南坪歌王之一的刘召成。这位著名的
歌手不是才旦卓玛那样的靓丽女士，而是蓄着山羊胡须的高
瘦老人。当我谈起在岭岗子听到的歌时，他说，那是山歌，
是在坡上干活山里放牧时唱的，多是男欢女爱的情歌；我们
唱的叫曲子，常是在村寨里由琵琶伴了来唱，歌词多是有文
化的人写的，文雅得多。我请他唱一曲，他理了理颔下的胡须，
沉默有顷才说，现在不是时候，以后你有机会听到的。

下寨的柿树已不再葱茏，柿叶由青而褐，由褐而红，金
秋季节到了。这天我随社员远征达盖山收获洋芋。

达盖山远离村寨。一行三十多人黄昏时才到山顶。在连绵起伏的农地中间，孤零零地立着三间土屋，当地人称之为安房。平时无人居住，只供上山劳作的人夜里聊避风寒。

吃了带来的干粮，天色早已黑尽。大家里外三层地围坐在火塘边，漫无边际地谈古论今。屋角石板上的"松明"（从油松根部劈下的油脂特别丰富的木片，村寨里作照明用）已经燃尽，年轻人都哈欠连天昏昏欲睡，这时刘召成老人从背囊里取出了琵琶，人们顿时精神起来，重又拥到火塘边坐下，加了干柴燃旺了篝火。火光闪烁，松烟弥漫，众人静穆。

刘召成怀抱古铜色的琵琶，凝神端坐。调好了琴弦，轻轻地反复弹奏过门。那真是"转轴拨弦三两声，未成曲调先有情"。好一阵子，这才唱了起来："千里寻兄不辞劳，弟兄情义播云霄……"。哦，是《老爷挑袍》，说的是关云长千里走单骑的故事，文绉绉的，年轻人会唱的已经很少。

接下来，大家要他唱一首欢快的。"那就来段绣荷包吧。"后生们哄然叫好。"过门"之后，刘召成才唱了一句"霜打的梅花开"，七八个青年娃就跟上了第二句"情郎捎信来"。

邪神歇庶扎：他是九寨沟最大的恶魔。当年达戈和沃诺色莫热恋时，他也垂涎沃诺色莫的美色。为了阻止达戈与沃诺色莫成亲，他施展魔法，放出害虫，掘断水源，让九寨沟遭遇到从未有过的大旱，百姓无以度日。

没等第一段唱完，所有人都加入了合唱。这真应了那句古话：阳春白雪和者盖寡，下里巴人和者众。刘召成和一帮老人居然能唱出比一般男声高出整整八度的高音，用的并不像川剧小生那样的假嗓，而是如秦腔的唱法，硬生生地"吼"出来的，因而显得格外高亢激昂。

人们的情绪更活跃了，《马桑花》、《王哥》、《庄稼调》、《打猪草》，一首首唱下去。唱情歌时，很像四川清音的婉转轻柔，起伏跌宕，颇具春江花月之清韵；唱史诗古人，铿锵厚重，大有铜板铁琶之雄风。吐词也别具一格，"送郎送到床档头，打了灯盏漾了油"的"漾"，在现代语言中已极少单作动词使用；"急忙行道将你赶"的行道唱作hentao，大约也是古音。我越听越是兴趣盎然，只盼他不要停歇。夜已深了，队长把年轻人撵去休息，安房内暂时安静下来，只听见屋外山风肆虐，刮得屋顶的茅草发出尖厉的呜呜声。

应我的要求，刘召成给火塘续了柴禾，又轻轻弹了起来。我听不懂那是什么曲调，忽高忽低，时缓时紧。他半闭着眼睛，信手弹拨，心中的情绪随之从琴弦四下流淌。我这才知道原来这只有三弦七品的南坪琵琶，居然能奏出如此繁复多变的曲调来。仔细听去，他的心情似乎越来越忧郁。围坐的老人和妇女无言地静听着这一段独奏。渐渐地节奏更慢，琴声更低，以至几不可闻。我以为这一曲即将结束，忽然，人堆后面响起了极轻微但又极清晰的歌声："初一日来上新街……"唱到"来"字时，声调忽然拔高，而且响亮起来。我极尽目力搜寻是谁在唱，但前面的人群把火光遮得严严实实，怎么也看不清楚，只能从凄婉的嗓音分明感到那是一位女人。刘召成依然凝坐不动，但琵琶已经依歌而和。唱到第二句时，他也跟唱起来："反穿罗裙倒刹鞋……"坐在我身边的队长附在我耳边悄声告诉我："张大嫂的男人半年前才去世，她在唱《女寡妇》呢。"

黑黢黢的安房显得那样空旷，只有歌声在四壁间回响。

火塘里的篝火也渐渐暗淡下去，时明时灭，闪烁不定。

歌词叙述一位刚回门的新娘突然得到丈夫重病的消息，奔回家去，千方百计为丈夫延医进药，求神问卦，但丈夫终于不治病逝。唱到"初五日来最心伤，小郎死在象牙床"时，歌声哽咽，断而复续，泣不成声，使我想起苏轼的《赤壁赋》来：如怨如慕，如泣如诉，舞幽壑之潜蛟，泣孤舟之嫠妇。岂不痛哉。我看见刘召成的胡须上挂着几颗泪珠，随着他嘴的张合，泪珠不停地颤动，又被篝火照得分外晶莹。这情景，这歌声，就此深深刻在我的心中，几十年过去了，还是那样清晰地浮在我眼前，响在我的耳边。

我对民歌知之甚少，不能做哪怕是稍深一层的介绍，只能肤浅地谈谈我几次听民歌的情形。每当我和朋友谈起南坪的民歌时，就会想起青稞地里姑娘的欢快和达盖山安房里张大嫂的哀怨。我以为，民歌之所以动人心魄，能够在民间长远流传，是因为它承载着人们真实的喜怒哀乐，是人们灵魂深处流淌出来的心声；而且，也只有在他们真实生活的环境里，才能抒发得如此真切感人。

1963年夏，四川音乐学院的一批师生又来南坪，采风结束临回成都时，县委举办了联欢晚会为他们送行。

县委礼堂太小，晚会改在青平大队一座大席棚举行。几盏大汽灯下，人头攒动，气氛热烈。先是川音师生的几个节目。身材敦实的刘教授唱的《要古巴，不要美国佬》最受欢迎。他那浑厚的男中音，我以为简直堪与保罗·罗伯逊媲美。在县委演出的短剧《夺印》里，我扮演民兵铁牛，说完了三句台词，就下台敲铁桶、摇木片制造雷雨狂风的音响，累得我满身大汗。县委副书记雷锡通扮演的村支书，正气十足而稍稍失之呆板；水利技术员谭明政的会计员有板有眼，但嫌狡黠不足；倒是文教局的何高笈的"烂白菜"（兰白彩）和体委朱清泉的"跛大爷"，虽都是反面人物，却表演得真实自然，活灵活现，多次赢得满堂喝彩。

"万山之祖"扎依扎嘎
为了成全达戈与沃诺
色莫坚贞的爱情，为
了九寨沟百姓摆脱邪
神的施虐，扎依扎嘎
帮助达戈打败了歌鹿
扎，最终将这个恶魔
镇在了巨峰之下。

　　按刘教授的安排，南坪民歌作为压轴节目。刘召成、王
玉元等相继登场后，一组女孩上台。浅蓝衣衫，红绳扎头，
前排的怀抱琵琶，后排的手持瓷碟。琵琶声起，瓷碟击节，
确有金玉之声。女孩们歌喉清丽婉转，我以为比几位老爷子
歌王唱的更加好听，直是"雏凤清于老凤声"。观众掌声不歇，
只好一再加唱。与其说是她们在表演《王哥》、《采花》，不
如说她们只是领唱。每每间奏刚完，台下几百人就群起而和，
全场真的成了"大联欢"。刘教授不由得感慨万千："天籁呀，
这才是天籁。"

　　这次舞台上的民歌表演固然精彩，但在我这个外行眼中，
印象却与音乐大家刘教授有些差异，以为不如我在晾架下的晒
坝中，在炊烟缭绕的饭场里，在山野田头，在林间草地所听到
的那样质朴生动，总觉得舞台上的表演少了点"原汁原味"。

女神山沃诺色嫫：美丽仁慈的沃诺色嫫终于和心爱的人喜结连理。她将达戈送她的宝镜高高地抛向天空，顿时满天彩云，甘露普降；宝镜化作一百零八片彩镜，落到地上，成为星罗棋布的海子。九寨沟从此重现生机，成为一方风景秀丽、永无灾难的世外桃源。

"文革"起，歌声寂。只有高音喇叭反复播出的语录歌和"杀杀杀"的刺耳尖叫。许多爱唱歌的朴质农民被打成了文艺黑线干将，连琵琶都被砸得粉碎。

2003 年初冬，我应邀参加九寨沟县更名五周年庆典。文艺表演在广场隆重举行。有十多个乡镇的农民演出了南坪民歌。宽广的猩红地毡上，老少演员载歌载舞，那景象才真正称得上"琵琶成林歌如海"嘞。上塘藏乡的九寨沟藏歌更让人耳目一新，特别是容中尔甲歌唱九寨沟天堂般的风光和藏胞淳厚人情的新曲时，全场观众一面鼓掌一面合唱。南坪民歌确实发展到了更高的境界，容中尔甲的九寨沟之歌唱到了北京，至今还在全国巡回演出。

啊，南坪民歌，愿你这得九寨沟山水之灵气，扬九寨沟人淳厚精神的奇葩，更加灿烂，响遍世界。

后　记

　　退休十年，闲暇无事，偶尔翻看旧时杂记，有时也稍加整理，借以消磨百无聊赖的时光。今春偶与好友谭木匠说起此事，不料他居然饶有兴味，建议我把在九寨沟的这段经历写下来，连题目都是他给取的：《永远的九寨沟》。我淡然置之。孰料他又接连几次来电话甚至来家催促，并说已与几家出版社联系，只等我的书稿，其他事宜概由他去办理。但我依然迟迟不想动笔。其原因无外乎懒得旧事重提，且往事多已从我的记忆中隐去，所以总是下不了决心。

　　前年金秋，谭木匠邀请我回游九寨沟。看到伐后迹地已蔚然成林，看到九寨沟已焕然一新，看到九寨沟居民那样悉心保护九寨沟的山水草木，谭木匠和我一起高兴、赞叹、流泪，又一再催促我把参与九寨沟初创的经历写出来。

　　女儿邓杉竭力支持谭木匠的意见；夫人志琼和好友钟标荣也力劝我写。儿子邓松说得更简捷明白："老爸，你就把它当成札记，按自己的思路写，不要管能否出版，不要去迎合谁的兴趣，先拉个初稿搁下。你不趁还写得动时动笔，以后你那一大堆资料谁能给你整理！"

我于是开笔，写写停停，一个月下来，竟有成初稿一部。

　　我深知自己水平不高，文笔稚拙，对能否出版未抱多少希望。写作时，以为只不过是在做早该完成的作业而已。如果真能问世，或者对去九寨沟的游人不无小补，也可能引起一些风景区工作者对保护更加重视和进一层的思考。

　　初稿得到中国林业出版社李宙和卢灵两位编辑的赏识，实出意料。他们给了我很大鼓励，而且花费了很多时间和精力，对结构和文字做了细致合理的调整，使得这部书稿较前更加通顺可读。能遇到这两位老师和朋友，确是我晚年极大的幸运。

　　对当年关怀支持九寨沟工作的人士，对谭木匠和那些支持鼓励我写这部书稿的亲友，对慷慨提供照片的张玉强先生，我将永怀感激之情。

2009 年 9 月 20 日于南泉